LOS
5
PERMISOS

TU MÁGICA ABUNDANCIA

LILIANA BECERRA RO

LOS
5
PERMISOS

TU MÁGICA ABUNDANCIA

VERGARA

Título original: *Los 5 permisos. Tu mágica abundancia*
Primera edición: enero, 2024

© 2024, Liliana Becerra Ro, por los textos.
© 2024, Penguin Random House Grupo Editorial, S.A.S.
Carrera 7 # 75-51, piso 7, Bogotá, Colombia
PBX: (571) 743-0700

© Diseño de cubierta: Juan Camilo Ortiz / Penguin Random House Grupo Editorial
Ilustraciones de cubierta:
Dragón: © Freepik
Feng shui, ming gua, alineación armónica y numerología:
© Juan Camilo Ortiz / Penguin Random House Grupo Editorial
Ilustraciones de páginas interiores: © Freepik y Cano Agencia Creativa

Impreso en Colombia-*Printed in Colombia*

ISBN: 978-628-7640-06-1

Compuesto en Garamond Premier y Dapifer

Impreso por Editorial Nomos, S.A.

A la magia del universo.
La magia del universo:
Cristóbal, María Antonia, Olga, Inés, Héctor.
Roma, Gloria, Patricia, Clarita.
A todas las mujeres que me han acompañado
en este camino.
A todas las personas que buscan conectarse
con su mágica abundancia.

Imagen inspirada en una meditación
Arte: María Antonia Villegas
Técnica: tinta china

CONTENIDO

.... **Tercera Parte** ....

* Los números que encuentras al final de algunos títulos corresponden a la energía en que vibra cada uno de sus nombres, que a su vez nos muestran su poder vibracional. La base de esta información se trata en el permiso tres.

PRIMERA PARTE

Lo que es para ti
te busca
y no dejará
de moverse
hasta encontrarte

INTRODUCCIÓN

CORTA EXPLICACIÓN
······· SOBRE ·······
LOS 5 PERMISOS

Me tomó casi veinte años escribir este libro, desde el 2004. Tal vez necesitaba todo este tiempo para recopilar la información que vendría tanto de los estudios sobre una filosofía milenaria, que es infinita y no termino de descubrir, como de la experiencia que día a día este oficio, que decidí seguir en un momento en el que hablar de feng shui era salirse de contexto, salirse del rebaño, me iba dando.

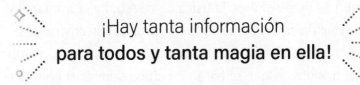

¡Hay tanta información
para todos y tanta magia en ella!

El camino de querer contar "este cuento chino" empezó en el 2004, cuando escribí un artículo sobre gerencia y feng shui para la revista de una aerolínea local. Le escribí a la editora en un acto arriesgado, pero sin miedo, sostenido en una combinación de perseguir mis sueños + ir por mi propósito de vida + creer en la magia del universo. Ella dijo sí y el artículo se publicó; a la gente le gustó y me dije: ahora hay que hacer un libro que muestre "la magia del universo" y que "la magia está en ti"... Y así empezó el camino... largo... muy largo. Y no lo recorrí sola, me acompañaron la procrastinación, que no defino aquí porque no terminaría, pero es la entretenida distracción típica de los nacidos en un año mono como yo (permiso uno), la comodidad de una vida muy vivida, el oficio de arquitecta y también, hay que decirlo, permanecer por mucho tiempo en los laberintos diarios que trae el celular y todo lo que hay allí adentro.

Y el momento llegó, y aquí, cargado de magia real, está este libro que brinda un paso a paso no lineal para que cada persona, desde su propia individualidad, se abra a la oportunidad de comunicarse con la prosperidad y la abundancia que todos llevamos dentro, como un derecho divino y natural. Algunos dicen que es una "herencia divina cósmica" que viene de otros universos y que, como objetivo principal, busca manifestarse en bienestar. Este concepto está contenido en tres dimensiones, la física, la celestial y la humana, y esta relación con el bienestar se soporta en cinco permisos.

Los cinco permisos son puertas poderosas que el universo nos ofrece, que se basan en cinco saberes ancestrales de gran fondo filosófico: el horóscopo chino, el ming gua, la numerología, el feng shui y la alineación armónica, que también llamaré actitud. Sobre estos saberes se reflexiona a través de la manera en que se manifiestan en todos los seres, sin excepción. Tu actitud o tu alineación armónica, situada en la dimensión humana, es fundamental en la conexión con nuestra *mágica abundancia*. Y aunque realmente quisiéramos que la magia fuera "magia pura" y que no necesitara de nuestra intervención para manifestarse, no hay de qué preocuparse porque...

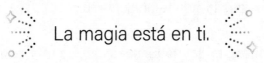

La magia está en ti.

Los fundamentos de la dimensión humana son esenciales y profundos, y en plena consciencia nos conectan con nuestro ser: lo espiritual, las creencias impuestas que muchas veces no sabemos de dónde vienen, lo no negociable en nuestra vida, las señales que a diario recibimos y muchas veces no entendemos, la impermanencia o el continuo movimiento de las cosas y, por último, la relación que establecemos con nuestro entorno desde nuestra propia voluntad.

Entablar relaciones armónicas entre los cinco permisos nos deja conocer y manejar las estructuras que acceden de forma sencilla y práctica a la abundancia como derecho divino, entendiendo que no se trata de seguir reglas de forma mecánica, sino de conectarnos con la prosperidad y el bienestar a través del espíritu, con resultados sorprendentes.

Para empezar el camino de conexión con tu mágica abundancia, te invito a hacerte estas preguntas:

✧ ¿Te gusta tu casa?
✧ ¿Cómo sientes tu espacio?

- ❖ ¿Cómo te llamas?
- ❖ ¿Sabes que tu nombre también es un número?
- ❖ ¿En qué año naciste?
- ❖ ¿Crees que tu año de nacimiento solo dice tu edad?
- ❖ ¿Eres particularmente bueno para algo y te asombra?
- ❖ ¿Te gusta la forma como manejas las situaciones diarias que la vida te presenta?

¡Entonces, te doy la bienvenida! A partir de ahora, tú, yo y quienes lean este libro haremos parte de una sincronía colectiva: un campo de energía en el que, en unidad, estemos donde estemos, vamos a vibrar y resonar en abundancia y bienestar; la intención de cada uno sumará a la de todos.

Este libro será un buen compañero de viaje que te brindará una manera original y efectiva de ir en la búsqueda de lo que quieres en tu vida, atendiendo el día a día de manera simple, práctica y dinámica, de la mano de tus cinco permisos. Entonces, respira profundamente, manifiesta lo que quieres y haz el movimiento.

LA CORTA LARGA HISTORIA
···· DE UN LIBRO ····
DE OPORTUNIDADES - 1995

 ### El inicio o la libre búsqueda

La visión de una arquitecta joven está llena de sueños creativos, de colores, pensando en la armonía del espacio; jamás me imaginé que esa libre búsqueda que emprendí me conduciría a algo que no sabía que existía, y que esta frase que tanto sentido había tenido para mí durante una época de mi vida, y que me repetía siempre, la iba a vivir en franca realidad y en un bucle frenético y mágico:

¡No te preocupes!
Lo que es para ti te busca
**y no dejará de moverse
hasta encontrarte.**

Entonces, llena de emociones y de ideas, pensando en la ciudad, en cómo debía ser una ciudad ideal, me fui a estudiar con toda la ilusión de que lo que tenía en mi cabeza era lo que iba a aprender... y resulta que no fue así. Cuando llegué a Roma se me abrieron muchísimas opciones para entender que la armonía del espacio y del mundo se podía dar desde muchos otros enfoques, y empecé a sentir que lo que era para mí se estaba acercando, que mi intención estaba provocando ese movimiento, ¡y en efecto se movió tanto que nos encontramos!

En la universidad había un departamento de Ciencias Orientales, que tenía mucha información. Permanentemente había conferencias sobre lenguas e historia de culturas orientales, dinastías poderosas, y ahí me encontré con eso que no sabía que existía: el feng shui. Fue una conexión maravillosa, porque entendí que la arquitectura que tenía en mi cabeza se estaba transformando y podía verla de otra forma, desde una cultura milenaria, y eso me abrió infinitas posibilidades.

El descubrimiento, o entender que las posibilidades son infinitas

A través de charlas magistrales encontré cosas asombrosas, y hoy, muchos años después, estas hacen parte esencial de mi vida personal y profesional. Son un impulso permanente para ver la vida en quinta dimensión y la mágica abundancia que allí vibra.

Y es que entendí que las casas tienen energía y debemos comprender que los espacios en donde vivimos son sagrados y hay que honrarlos. Que uno puede ser un animal de los doce que son especiales para los orientales. Que nuestra vida, según esta teoría del horóscopo chino, está sustentada en cuatro de ellos, y que esencialmente somos un animal y un elemento que nos hacen ser como somos. También descubrí que desde el calendario chino los días tienen un carácter energético, y que el hecho de saberlo nos permite movernos en el tiempo de forma inteligente y estratégica. Que los números también tienen poder y que nuestros nombres nos pueden dar impulso para avanzar; y que estos últimos, a través de los números, nos dicen muchas cosas que debemos oír. Si lo hacemos con detenimiento, nos pueden ayudar.

También encontré que la naturaleza es sabia y que tiene mucho para ofrecernos. Esto me lo decía mi papá, pero yo no lo entendía, hasta que descubrí la magia de las flores. Con ayuda de amigos expertos en el tema entendí que las esencias florales pueden traernos muchos beneficios y que las flores son los terapeutas mágicos de la naturaleza. Pero lo más importante de todo fue que comprendí que, si abrimos nuestro corazón y nuestra mente, todos estos caminos pueden hacer que nuestra vida fluya, que sea plena, paciente, tolerante y mágica.

 ¡Todos los caminos del espíritu siempre conducen al mismo lugar!

El resultado - El mensaje

Cargué toda esa información como parte de mi equipaje del alma y mi corazón se expandió de conocimiento, porque descubrí que había más cosas de las que yo imaginé y, sobre todo, que eran filosofías que nos mostraban la vida desde otras ópticas y otras dimensiones. Eso fue, además de revelador, liberador, porque entendí que el universo nos tiene infinitas opciones (en este libro las llamaré *permisos*) para que nuestra vida sea más fácil; que esos paradigmas de que "todo cuesta", " hay que trabajar duro para lograr las cosas", "si no hay lucha, no hay recompensa" se pueden revaluar. Podemos tomar toda esta información maravillosa, ponerla a nuestro favor y hacer que nuestro camino sea más dulce, más tranquilo, e incluso más fácil.

Después de terminar mis estudios en Roma llegué a mi casa con mucha información, con la cabeza "a mil". Durante este camino, tiempo-espacio, de más de veinte años, he venido decantando los mensajes recibidos, y entendí que se pueden aplicar a nuestra vida de forma orgánica, personal e individual, y que esto nos podría hacer bien a todos. Entonces, empecé como arquitecta a hacer diseños arquitectónicos que tuvieran alma y mucha energía; y esto, con el tiempo, lo llamé arquitectura con intención.

En un ejercicio casi filosófico, asesoré casas a través del feng shui para que quienes vivían en esos espacios los vieran de una forma diferente y sintieran la manifestación de la energía en un nivel físico; esa dimensión que se nos "vuelve paisaje" y que creemos que no nos ofrece más que contenernos en un espacio. Quería mostrarles a todos que, a través de los colores, sus objetos personales, el mobiliario de su casa, y en la dimensión alto, ancho y alto, la energía se manifiesta de forma tangible para los valientes visionarios que decidan abrir su mente a una filosofía milenaria.

Después empecé a dictar conferencias anuales sobre el año nuevo chino, una apertura cultural con una gran dosis de misticismo que, al final, da un aire de novedad a esa nueva oportunidad que trae cada año nuevo. Cada vez más sumergida en mi objetivo de hacer tangible la energía, desarrollé una aplicación para celulares con este enfoque, bajo los principios de las filosofías orientales. A través de esta, mucha gente, de forma práctica, ha podido conocer formas diferentes de ver su vida, su entorno, sus espacios, y a los demás.

Y todo esto me permitió descubrir que la magia existe, que ahí está para nosotros; que la vida tiene mucho para darnos y que, definitivamente,

¡Lo que es para ti
te busca, y no
**dejará de moverse
hasta encontrarte!**

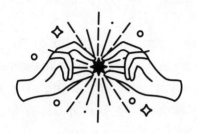

CÓMO ABORDAR LA IDEA DE VIVIR TU MÁGICA ABUNDANCIA DESDE LOS 5 PERMISOS

Empecemos por decir que, entre los cinco permisos y tu mágica abundancia hay una simbiosis y una resonancia manifiesta; tus cinco permisos son el espacio poderoso donde la mágica abundancia se siente cómoda y donde fácilmente se expande; en resumen, la mágica abundancia está en ti. No tiene una definición exacta que puedas encontrar en los diccionarios; estas dos palabras, *mágica y abundancia*, para muchos son etéreas y subjetivas, y por esto no tendrían una definición precisa en nuestro campo de energía de tercera dimensión, pero sí en el campo de energía del universo infinito.

Mágica significa encantadora y extraordinaria, pero en este libro le daremos otra connotación. Es una *luz divina*, una fuerza sobrenatural, un poder superior noble, que envuelve todo y hace que *la magia* se vuelva tangible a través de nuestros cinco permisos. Esta luz divina también tiene una función muy elevada: dar luz y mantener bajo control todo aquello que vaya en contra de nosotros mismos, como el miedo, el egoísmo, la ira, la culpa, la ansiedad y todas las emociones de baja frecuencia, que son finalmente las que generan desbalance en nosotros y nos separan de la fuente infinita de abundancia. Ten en cuenta que tu luz es mágica y solo necesitas reconocer que está en ti.

Abundancia es lo que quieres para ti desde tu intención personal, por eso la abundancia es diferente para todos; puede ir desde la riqueza material hasta la paz mental, pasando por un sinnúmero de nobles deseos personales de bienestar. Por esto podemos decir que la abundancia es de amplio espectro. Desde lo más elevado, la abundancia es la conexión que logras con todo lo que te rodea, y esa conexión se da desde tu propia energía, que te hace vibrar, y así como vibras, atraes.

Por todo lo anterior, el fin mismo de este libro no es encontrar o alcanzar la mágica abundancia: ella, a través de tus cinco permisos, hace parte de ti desde que naciste, y este libro te mostrará lo que tienes y con qué cuentas para traerla a tu realidad.

Para acercarnos a la idea de los cinco permisos con gracia, algo así como llegar a ellos con armonía, frescura y movimientos simples —entiéndase: no debemos quedarnos enganchados en el "¿Pero la magia sí existe?", "No, ¡esto es imposible!", "¡No tengo tiempo para estas cosas!"—, y que nos permitamos descubrir las dimensiones que nos conectarán con nuestra mágica abundancia, debemos entender que, si bien es cierto que la magia del universo está ahí, esperando por nosotros, también necesitamos hacer movimientos estratégicos, y esos vendrán de nosotros. ¡Sí! La acción viene de nosotros. Y es probable que otra vez nos lleguen a la mente las condiciones y creencias (permiso cinco) que nos hacen preguntarnos si esto de la magia es un mito, si la abundancia es una utopía, y nos hacen pensar que los deseos difícilmente se cumplen... creencias que hemos cargado por mucho tiempo para boicotear y negarnos la posibilidad de ver la existencia desde otras dimensiones.

Pero, en realidad, la forma de acercarnos a los cinco permisos sin caer en autosabotajes es más bien simple. La llamaremos Método CIE, que, en mi ejercicio de muchos años, ha sido mi metodología personal para mostrar en conferencias, talleres e intervenciones la magia del universo y sus formas, y se explica muy fácil:

Ⓒonocimiento Ⓘntención Ⓔxperiencia

Es ideal que estas tres vivencias se desarrollen de manera profunda pero espontánea, y esto se logra a través de la *intuición*. Solo de esta forma lograremos, además de despertar a las variables energéticas de estas filosofías, sentirnos sensibles, especialmente perceptivos y dispuestos a tratar esta información con coherencia y libres de juicios.

❖ Conocimiento

El conocimiento es poder. Es la percepción que tenemos del mundo y que depende de la información que nos ha llegado y que hemos recibido; según como la entendamos, impactará nuestra energía. Entonces, mientras más información recibas, tu percepción tendrá más perspectiva, se hará aguda y más sutil, y así tendrás más consciencia de tu vida.

❖ **Recibe nueva información**
Así tendrás nuevas herramientas para moverte en tu vida.

❖ **Muévete diferente**
Si te mueves de otra forma, con seguridad percibirás el panorama diferente.

❖ Intención

Es la potencia que está en nosotros para darles impulso a nuestros deseos. Se requiere afinidad entre la intención y tu energía: si existe esa conexión, hay potencia; si hay potencia, hay acción, y si hay acción, esto implica que decimos SÍ, y entonces el universo responde.

❖ **Haz lo que quieras, te ocurrirá justo lo que creas.**
Tu corazón está conectado con tus deseos. Si hay conexión entre ellos, las cosas se manifestarán en la realidad.

❖ **Utiliza más tu poder de provocar que las cosas sucedan.**
Es un impulso interior que te hace actuar en conciencia e ir a la búsqueda de lo que quieres

para ti, confiando en que lo que suceda es lo que corresponde.

✧ Experiencia

Es el conjunto de acontecimientos y vivencias que nos permiten llevar a la acción lo que hemos aprendido, lo que queremos comprobar, reafirmar y perfeccionar. La experiencia manifestada a través de los actos se puede volver un hábito.

✧ **Sé un alma gentil**
Actúa con bondad en tu corazón; la bondad tiene grandes recompensas.

✧ **Piensa en ti**
Suena egoísta, pero si estás bien contigo mismo, lo estarás para los demás.

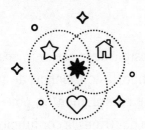

LAS TRES SUERTES COMO ESCENARIO DE NUESTRA MÁGICA ABUNDANCIA

En la antigua China creían que la armonía y el equilibrio en la vida de las personas llegaban de dos fuentes. Las internas, "antes del cielo", que son nuestras cualidades naturales, y las externas, "después del cielo", que son las condiciones cambiantes del entorno. Según su filosofía, estas energías podían aumentar o disminuir las posibilidades de tener éxito en la vida. Sin embargo, es importante aclarar que al manifestar estas ideas no se pretende que sean "de culto", ni se trata de una doctrina absoluta que hay que seguir con los ojos cerrados, ¡no! Las variables de nuestra existencia son muchas, y el concepto de absoluto en términos de energía y frecuencias no tiene cabida. Y en esto las filosofías orientales son profundamente claras y flexibles, porque encuentran el sentido de la vida en muchas cosas: en vivir en armonía con el entorno, el hecho de que todos estamos en el mismo nivel, vivir lo máximo posible de la mejor forma posible, disfrutar lo que se está viviendo, la consciencia de que el mundo no es de opuestos sino de complementos, por ejemplo, y reconocen y entienden sin doctrinas la conjunción entre los principios universales: el cielo-la tierra-lo humano.

Estas fuentes se dividen en tres dimensiones; son algo así como un pastel exquisito de tres porciones que está servido para todos. Somos nosotros quienes decidimos si lo disfrutamos, lo guardamos para comerlo después, o definitivamente lo dejamos de lado. Estas tres dimensiones conforman una plataforma potenciada, que desde ahora llamaremos *plataforma potenciada X*, sobre la cual nos movemos siempre y en la cual reconocemos nuestra esencia, que será el escenario que el universo nos ha entregado para vivir nuestra vida.

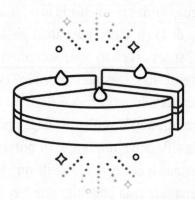

Estas dimensiones las llamaremos suertes. Aquí no nos detendremos a analizar la palabra *suerte*, ni su profundidad filosófica; no haremos análisis semánticos de la palabra, ni tampoco si le podemos llamar destino, estrella o fortuna. Simplemente será la forma de comprender la plataforma potenciada X y cómo se estructuran allí los cinco permisos.

Nuestra plataforma potenciada X está sostenida por la suerte del cielo, la suerte de la tierra, y la suerte de la humanidad, y este será nuestro campo de acción; es un campo vibracional personal que se activa con nuestra energía y todos los elementos que la conforman. Además, allí los diversos niveles de consciencia, que nos permiten ver qué está pasando a nuestro alrededor, desde lo más simple hasta lo más elevado, también están allí presentes, lo que hace que lo celestial y lo humano confluyan en un mismo punto.

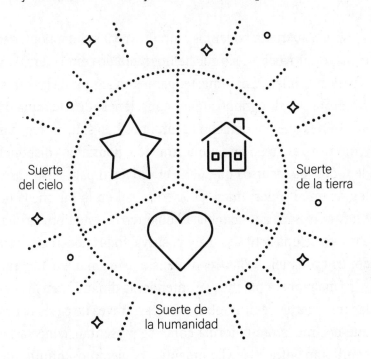

Suerte
del cielo

Suerte
de la tierra

Suerte de
la humanidad

✧ **Suerte del cielo:**
es la energía con la que hemos nacido, nuestro sello celestial que está escrito en las estrellas y sobre el cual no tenemos ningún tipo de control.

✧ **Suerte de la tierra:**
es la que nos ofrece nuestro entorno ambiental, geográfico y físico, nuestra casa y los espacios donde nos movemos, y sobre los cuales tenemos total control.

✧ **Suerte de la humanidad:**
es la que creamos como resultado de nuestros actos, intención y decisiones, y sobre la cual tenemos total control.

Cada suerte la podemos amplificar, ya sea para obtener el mayor provecho de lo que hemos recibido como un regalo, o para cubrir la falencia que tengamos en alguna de las otras. No obstante, si logramos tener consciencia de cada una de las suertes que por derecho natural nos han sido entregadas e interiorizar su poder en nuestra vida, podríamos disponer de todos los recursos que tiene el universo para nosotros y lograr un alto porcentaje de asertividad en la búsqueda de nuestra mágica abundancia. El objetivo de este libro es que, a través de una actitud sana y positiva, todos podamos tener control y manejo de las tres dimensiones de manera integral.

Una manera práctica de entender la dinámica en la cual las tres suertes se interrelacionan es a través de casos reales que nos muestran la forma como se presentan, conectan y equilibran entre ellas. Claramente hay ejemplos infinitos de cómo las tres suertes interactúan todo el tiempo y en cada momento, cómo se compensan y cómo estructuran nuestra vida. Estos, al observarlos desde los cinco permisos, se manifiestan de manera contundente.

Caso # 1

Un famoso deportista nació con una suerte del cielo alineada y su entorno —suerte de la tierra— lo ayudó a desarrollar sus habilidades. Esto lo llevó a afinar las destrezas con las que había nacido. La interacción de estas dos suertes le permitió expandir aún más su capacidad natural. Sin embargo, en el momento de conducirse como persona —suerte de la humanidad, que podemos llamar los actos y las decisiones—, se presentó su mayor conflicto, lo que de alguna manera se convirtió en su mayor obstáculo.

 Caso # 2

Tiene que ver con una persona que ocupó un alto cargo público. Su vida transcurrió en condiciones difíciles en términos económicos; no era fácil cubrir sus necesidades en educación, vivienda y salud —suerte terrenal—. Vivió en un entorno complejo que le obstaculizaba salir adelante. Esta persona, en un acto poderoso de voluntad que podríamos llamar también resiliencia —suerte de la humanidad—, aumentó a través de esta decisión las habilidades con las que había nacido —suerte del cielo— y logró ser elegido para un importante cargo de elección popular.

Caso # 3

Según la carta astral de esta leyenda de la música francesa, las estrellas en el momento de nacer —suerte del cielo— mostraban que su vida no iba a ser nada fácil; de hecho, su leyenda comienza a partir de las circunstancias que la rodearon al nacer. Su entorno durante los primeros años de vida fue hostil. Sin embargo, su vida se transformó al cambiar de ambiente —suerte de la tierra—. Su estilo y sus emociones la hicieron vivir una vida intensa, su gracia personal y su carácter —suerte de la humanidad— la movían frecuentemente entre el éxito y la decadencia. Será para siempre la musa de París.

Así pues, nuestra misión personal será hacer conciencia de lo que representan estas tres suertes para nosotros, analizar cómo se han manifestado a lo largo de nuestra vida y cómo los cinco permisos, al revelarse como parte de esta estructura, nos pueden llevar a la búsqueda y el encuentro efectivo y real de nuestra mágica abundancia.

Entonces, para tener un acercamiento más personal y aproximarnos al concepto de los cinco permisos sin misticismos ni complicaciones, las tres suertes las llamaremos tu faceta celestial, tu dimensión física y tu voluntad humana, y bajo estas tres frecuencias buscaremos el entendimiento de cada uno de estos permisos como puertas poderosas que el universo nos ofrece. Los reconoceremos y asumiremos de manera consciente para que con poder, gracia y estrategia los pongamos a trabajar a nuestro favor.

Le prestas
atención a lo que
es importante
para ti.
**Haz que esto sea
importante.**

LA LIBERTAD
DE
LOS 5 PERMISOS

L a palabra *permiso* es maravillosa; da la sensación de seguir adelante, de libertad, de ir por algo. La definición técnica es "licencia para hacer algo" y viene del latín *permissum*, formado por dos partes: el prefijo latino *per-*, que significa "a través de" y denota intensidad, y el adjetivo *missum*, que es sinónimo de "enviado". Las raíces de la palabra dicen mucho y le dan una frecuencia espiritual y mágica.

Al rededor de los cinco permisos hay una espiritualidad profunda que acepta y valora las filosofías y los saberes ancestrales que los soportan: el horóscopo chino o tu energía, el ming gua o tu año, la numerología o tu número, y el feng shui o tu espacio, y se unen con nuestra humanidad en la alineación armónica para potenciar sus fuerzas y manifestarse de manera real y tangible.

Tu número

LOS
5
PERMISOS

Tu energía

Tu espacio

Tu año

Tu alineación
armónica

Los cinco permisos tienen niveles que no significan mayor o menor poder; cada uno se ubica en un campo donde, de manera cómoda, amplifican su potencia y las posibilidades que ofrecen. Ese campo está asentado entre el cielo y la tierra, y estas dos dimensiones se encuentran en un punto intermedio: la dimensión humana.

De acuerdo con los principios que soportan las leyes del cielo y la tierra en las filosofías orientales, el cielo rige sobre la tierra y, a su vez, tanto el cielo como la tierra influyen sobre todos los seres vivientes. Está en las manos de cada uno de nosotros entender esta dinámica para obtener de ella la mejor ventaja posible.

En cuanto al cielo, los permisos que debemos contemplar allí están relacionados con la energía con la que naces y tu año de nacimiento, y aquí es importante anotar que sobre estos dos permisos no tenemos ningún control, estamos bajo la influencia total del universo... ¡maravilloso! Porque, como no hay posibilidad de ejercer control alguno, en estos dos permisos nos liberaremos espontáneamente del instinto humano de querer dominarlo todo. ¡Nada que hacer, todo por sentir!

Aquí también encontramos un permiso que tiene mucho de mágico, pero en el que la decisión humana interviene por medio de nuestros padres o tutores, que nos dan un código numérico o número a través de los nombres que nos asignan desde niños. Este es un acto que en la mayoría de las veces es de amor y contención, pero al final, en lo esencial, si tuviéramos más información sobre este permiso, deberíamos buscar estratégicamente la buena fortuna y el bienestar en vez de continuar con un linaje, honrar a un antepasado o seguir la tendencia del momento a la hora de escoger el nombre de nuestros hijos. En resumen, en esta dimensión tenemos tu energía o el horóscopo chino, tu año o el ming gua (tu esencia natural) y tu número o numerología de los nombres.

En cuanto a la tierra, el permiso que encontramos en este campo está relacionado con el espacio y el entorno que nos rodea, y su concepto fundamental es alinear el espacio, las personas y las cosas de la tierra, tu espacio o la magia del feng shui.

Con relación a la humanidad, tiene que ver con los seres humanos, los principales protagonistas sobre los cuales actúan el cielo y la tierra. Somos portadores de esencias espirituales y niveles diferentes de percepción; el punto medio donde confluyen estas dos dimensiones y donde lo humano aparece y se manifiesta a través de la actitud, que todo el tiempo está a prueba en una dinámica donde solo hay una variable sustancial: nosotros mismos. En este permiso el control está totalmente en nosotros, y es allí donde el desafío empieza, en tu actitud o tu alineación armónica.

Entonces, al observar los cinco permisos y hacernos conscientes de que se sostienen sobre una estructura de tres dimensiones, en diferentes niveles, con poderes específicos, frecuencias individuales y la inmensa capacidad de integrarse, el primer objetivo se cumple: el de saber que ellos conforman un campo inmenso de posibilidades llamado plataforma potenciada X, que nos pertenece y que podemos amplificar para lograr nuestra mágica abundancia.

Poco a poco, y a medida que avances en este libro, irás encontrando tu plataforma potenciada X, conformada por variables esenciales que hacen parte de ti desde el momento en que naciste. Ella siempre ha estado en ti y tu corazón siempre la ha sentido; seguramente intuías su energía, pero tal vez no la entendías. Aquí verás cómo se va estructurando, y, al final, será un gran descubrimiento para ti.

Para tener clara la anatomía de los cinco permisos y su "ubicación energética" en nuestro campo vibracional personal, es decir, cómo se ubica cada uno de ellos en él, considerando las distintas suertes —cielo, tierra y humanidad—, te presento un esquema que los muestra claramente en su posición individual. Esta imagen fue inspirada —o recibida— en una meditación que hice hace ya un tiempo. En un principio no le vi mucho sentido, pero esta imagen era tan precisa que sentía que allí había una información mayor. De sus cinco extensiones solo una era continua, y las cuatro restantes tenían un punto final; cada línea terminaba en un lugar preciso, a excepción de la extensión continua, que era de color dorado y parecía infinita.

Esta imagen, para mí, fue una señal contundente que le dio orden a una información que por años había venido trabajando, y con ella entendí los niveles en los que todos los humanos nos movemos. Y es que las señales son fascinantes (permiso cinco), porque son una forma mágica en la que el universo

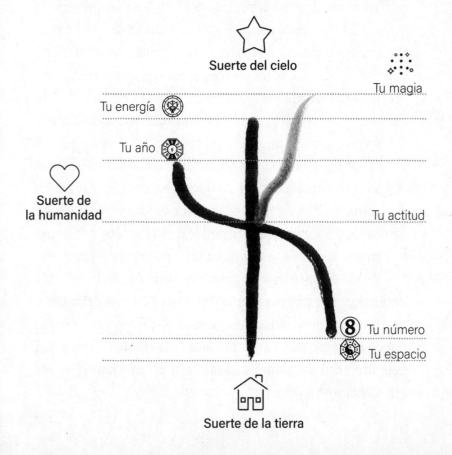

nos habla y nos muestra toda la información que hay en él. Las señales son una manifestación de tu mágica abundancia, y en la medida en que vayas reconociendo de manera consciente tu plataforma potenciada X, empezarás a sentir una capacidad especial para reconocer, entender e interpretar las señales que en todo momento se presentan en nuestra vida.

Como puedes ver en esta representación, la línea que llega al nivel más alto y que en la meditación se presentaba dorada, en una línea fluida y que no tiene punto final, es *tu mágica abundancia*, que es infinita y se eleva hacia un punto superior, donde no hay un límite, y desde donde desciende para todos.

Tu espacio (permiso cuatro) es el punto más próximo a la suerte de la tierra, porque es allí donde los factores externos que se originan en nuestro entorno están en su máxima expresión. Le sigue *tu número* (permiso tres) porque tu nombre, del cual se origina tu número, a pesar de tener algo de celestial, también depende de la voluntad humana de otros. *Tu energía* (permiso uno) es la más cercana a la suerte del cielo porque realmente es un regalo divino, ¿lo sabías? Y muy cerca de tu energía está *tu año* (permiso dos), que también tiene mucho de sobrenatural, porque el momento que está dispuesto para que nazcas depende de la simbiosis de variables que tienen más de divinas que de humanas.

Y, por último, hay un punto central donde las fuerzas poderosas del cielo y la tierra confluyen de forma dramática, *tu actitud* (permiso cinco); un punto central privilegiado que puede dirigirse tanto al cielo como a la tierra. Observa con detenimiento ese punto central, ¿tenías tan claro el poder arrollador que hay en ti?

¡Tú eres
el todo!

SEGUNDA PARTE

··

Son cinco
permisos

Decía Krishnamurti
antes de comenzar casi todas sus charlas:
"Quiero señalar que nosotros no estamos haciendo ninguna
clase de propaganda ni sobre una creencia, ni sobre un ideal,
ni sobre una organización. Estamos considerando juntos lo que
está pasando en el mundo externo a nosotros. (...)
Aunque el orador está sentado en una plataforma por
conveniencia, él no tiene ninguna autoridad. (...) No está tratando
de convencerlos de nada. No les está pidiendo que lo sigan. No está
promulgando un sistema particular, una filosofía particular, sino
invitándolos a que observemos juntos, como dos amigos que se han
conocido durante algún tiempo, para quienes sus vidas privadas
no constituyen su única preocupación, sino que están juntos
mirando este mundo que parece haberse vuelto loco (...)".

os cinco permisos están en ti. No necesitas buscarlos en nadie más, ni fuera de ti. Son intransferibles y te pertenecen, y la buena noticia es que tienes todo el control sobre ellos; serás tú quien decida si te conectas con ellos o no, si los dejas pasar, si te das la oportunidad de verlos y convertirlos en una forma de reconocerte, en un medio para seguir tu camino y avanzar con ellos. Además, los cinco permisos pueden traer cosas nuevas a tu vida, despertar poderes hipnotizados por el día a día listos a emerger. No tienes que hacer pases mágicos, ¡la magia ya está en ellos! Tal vez por primera vez te veas único y especial, sin importar qué tan buenos (o no) hayan sido tu vida, lo que te ha rodeado, con quién te hayas encontrado, cómo te hayan llamado, los ciclos que hayas vivido o dónde estés, y de pronto entenderás, sin dudar, que la magia está en ti.

Para ir al encuentro con tus cinco permisos, ten en cuenta algunos apoyos que te ayudarán a sacarle el mayor provecho a esta experiencia, que será una guía para que descubras, reconozcas y utilices con mayor fluidez tus cinco permisos:

1. Cada texto e imagen tendrán siempre información cifrada para ti, así que observa con el alma.
2. Usa tu buen juicio.
3. Recuerda aplicar el Método CIE (conocimiento, intención y experiencia) para que tu energía entre en contacto con la información que vas a recibir. Así, sentirás que es útil y aceptarás que te acompañe de ahora en adelante en tu diario vivir.
4. Nos movemos entre lo cognitivo y lo intuitivo, y esta sinergia, a través de las variables energéticas de las distintas filosofías que encontrarás aquí, te llevarán a despertar aún más tu sensibilidad, tu intuición y tu conexión con el universo.
5. Recibe esta información de manera objetiva y libre de juicios, con tu mente y tu corazón abiertos.

El camino de los cinco permisos lo iniciamos con tu faceta celestial, la cual está conformada por el primer permiso (tu energía o el horóscopo chino), el segundo permiso (tu año o el ming gua - tu esencia natural) y el tercer permiso (tu número o numerología de los nombres). Sobre el tercer permiso, podría decirse que es tanto celestial como humano, porque recibe influencia del cielo y de la tierra. Tu faceta celestial tiene todo de mágico y divino, es un regalo del cielo.

En tu dimensión física estamos considerando la forma en que percibimos los espacios que habitamos: largo, ancho y alto, y es allí donde está el cuarto permiso (tu espacio o la magia del feng shui). Este permiso es totalmente físico y tangible; tiene la capacidad de ser flexible, al verse impactado por la energía que lo rodea, y el feng shui será la herramienta que nos ayude a direccionarla a nuestro favor.

El quinto permiso está bajo tu voluntad humana (tu actitud o tu alineación armónica), la cual está totalmente bajo nuestro control. Este te dará unos fundamentos guía que te permitirán enfocar tu actitud de manera efectiva para sostenerte en una alineación armónica permanente y, de esa forma, expandir tu intransferible y poderosa intención para ir a tu mágica abundancia.

A medida que vayas reconociendo la existencia de tus cinco permisos, tu plataforma potenciada X se irá enriqueciendo conscientemente de lo que eres. Por ahora, y en este punto del libro, así se ve:

Tu energía
Tu año
Tu número

Tu espacio

La actitud o la
alineación **armónica**

¡Bienvenidos los cinco permisos!

Caminos de luz hacia tu mágica abundancia

TU FACETA CELESTIAL

PERMISO UNO
TU ENERGÍA Y
EL HORÓSCOPO CHINO

Haber nacido atractivo no es tan importante
como haber nacido con buena estrella; haber nacido con buena
estrella no es tan importante como tener un corazón bondadoso;
tener un corazón bondadoso no es tan importante
como tener una buena energía.
Proverbio chino

Dimensión	suerte del cielo
Campo	la faceta celestial
Conocimiento	el horóscopo chino - astrología china
Componentes	los doce animales y los cinco elementos
Señal	reconocer nuestra energía celestial y enfocarla a nuestro favor.

¿Qué tanto te conoces? ¿Sabes para qué eres bueno y para qué no? ¿Intuyes por qué te la llevas mejor con unas personas que con otras? ¿Por qué te gusta trabajar hasta tarde en la oficina o, todo lo contrario, quieres llegar pronto a tu casa para estar con tu familia? Estas y muchas otras preguntas hacen parte de nuestro imaginario sobre nosotros mismos y los demás. Para los orientales, y para quienes están familiarizados con el calendario y el horóscopo chinos, existe una frase que lo dice todo sobre cómo reconocer a las personas:

"Si conoces la fecha de nacimiento de una persona, conocerás sus gracias y sus desgracias".

¡Así es! Según el horóscopo chino, bajo el contexto del calendario lunar chino y por nuestra fecha de nacimiento, a cada uno nos corresponde uno de los doce animales del horóscopo chino. Este, a su vez, nos dará todas sus características y una energía esencial, y casi de manera intuitiva empezaremos a entender cosas de nuestra naturaleza y comportamiento. ¡Esta es una de las formas más sencillas y fascinantes de autorreconocerse!

En lo personal, esta forma de reconocer y entender a las personas que me rodean ha sido maravillosa, y me ha permitido saber cómo ubicarme frente a ellas en un lugar consciente de entendimiento e inteligencia. Bueno... en la gran mayoría de los casos.

Este primer permiso te permitirá, además de reconocerte como una energía particular vibrante, tener el conocimiento para aceptar a los demás desde su propia energía vibrante.

El calendario lunar chino

El horóscopo chino se sustenta en el calendario lunar chino, que tuvo su primera versión durante el reinado del emperador Amarillo Huang Di. Su dominio permaneció durante cien años, desde 2698 a. C. A partir de ese momento se han dado muchas versiones distintas de este calendario, que ha ido evolucionando a lo largo del tiempo.

El calendario chino es un calendario móvil, de carácter lunisolar. Esto significa que los meses son lunares, así que el primer día del mes es el de la luna nueva, y el día quince es el de la luna llena; por esta razón, el inicio de cada año nuevo chino siempre es en un día diferente: inicia el primer día de luna nueva de primavera de cada año. Es distinto al calendario gregoriano —establecido por el papa Gregorio XIII—, que es fijo y empieza siempre el 1 de enero de cada año, sin tener en cuenta los movimientos de la Luna y el Sol.

Lo interesante de este calendario es que tiene una cualidad energética, es decir que, al darles a cada año, mes, día y hora una característica que se basa en la combinación de los doce animales —rata, buey, tigre, liebre, dragón, serpiente, caballo, oveja, mono, gallo, perro y cerdo— con los cinco elementos —fuego, tierra, metal, agua, madera—, se forman sesenta binomios, y esta sinergia entre animales y elementos le da a cada par una energía especial que se transfiere al tiempo (calendario). Es allí donde el horóscopo chino sustenta toda su estructura, porque en astrología china, el animal que le corresponde a cada persona se define en la variable tiempo, es decir, desde su fecha de nacimiento, particularmente del año en que se nace.

❖ La historia de los doce animales

Cuenta una leyenda de la mitología china que cuando el emperador de Jade alcanzó el estado de Buda —que significa haber alcanzado el despertar, el florecimiento y la iluminación— quiso dejarle a la humanidad un regalo para dar luz a las personas. Quería entregarles a los humanos la posibilidad de mejorar y alcanzar la iluminación que él mismo había obtenido, así que decidió que cada animal de los doce primeros que llegaran al Palacio de Jade tendría una energía especial. Convocó a todos los animales existentes y dijo que solo doce alcanzarían a ocupar un lugar en este grupo, que le daría características específicas a cada persona, dependiendo de su año de nacimiento; así, cada uno tendría una energía, una emoción y una virtud especial.

La primera en llegar fue la astuta rata, porque, según la historia, engañó al gato, que le había pedido que lo despertara para comenzar muy temprano el camino al palacio, pero nunca lo hizo. El segundo en llegar fue el metódico buey, que llevaba varios días planificando su viaje, porque su objetivo era ser el primero; sin embargo, no lo logró, porque en el camino se encontró a la rata, que le pidió la llevara en su lomo. Cuando llegaron a la gran puerta del palacio y esta se empezó a abrir, la rata saltó del lomo del buey y entró por la hendija que se abría. Se dice que, desde ese momento, el buey siente que su trabajo no es bien reconocido. De tercero y cuarta llegaron el tigre y la liebre, que entraron juntos, frente al asombro de todos. ¿Cómo era posible que el tigre, el rey del bosque, no se hubiera comido de un solo bocado a la escurridiza liebre? Pero es que la liebre demostró que su fuerza venía de su valor y su carisma, lo que al final conquistó al valiente y estricto rey.

Después llegaron el dragón y la serpiente, en quinto y sexto lugar. Eran amigos sabios y mágicos. El dragón, rey del agua, logró llegar a tiempo porque se dice que la serpiente le prestó sus alas, aun sabiendo que las perdería para siempre. Sin embargo, era necesario hacerlo para que el dragón lograra llegar, pues sin su magia ninguno estaría allí: gracias a su poder mágico de convertir el agua en ríos, lluvia y manantiales, los seres vivos no podríamos existir, y por eso todos reconocieron en la serpiente a una sanadora, al entregar sus alas pensando en todos. Después entró el caballo, en séptimo lugar. No estaba preocupado por haber llegado en esta posición, pues sabía que había un puesto reservado para él; como era el animal más bello de todos, y contaba con el apoyo del gran sol, que siempre lo acompaña, sería imposible que no tuviera un lugar. El caballo, desde ese momento, sería el regente del mediodía, hora en la cual el sol está en lo más alto del cielo. La oveja llegó en octavo lugar; femenina y sensible, se excusó por llegar tarde, pues estaba dejando todo en orden en casa para que no le hiciera falta nada a su familia mientras ella estaba ausente. El mono, el gallo y el perro llegaron juntos desde una lejana tierra y ocuparían el noveno, décimo y undécimo lugar. Atravesaron juntos un gran lago y fue el perro el que, con su inteligencia, dirigió el viaje; el mono había diseñado la balsa con su gran habilidad y creatividad, haciéndola segura y cómoda, y el gallo, con su elocuencia e historias, los había animado en el camino.

El grupo se cerró con el bondadoso cerdo. En sus planes no estaba ser parte de este selecto grupo; él estaba dispuesto más bien a alimentarlos a todos en el palacio, pues consideraba que no tenía ninguna virtud especial que lo hiciera merecedor de un lugar allí. Mientras esperaban al gato, que consideraban casi seguro, quienes estaban en el Palacio de Jade presenciando la competencia decidieron que era hora de comer. Tomaron al cerdo para llevarlo a la cocina y hacer manjares con su carne, y él, amable y dispuesto, siguió el camino. Cuando el emperador de Jade lo vio tan valiente y generoso le otorgó el último puesto que había: sería el duodécimo animal del horóscopo chino y cerraría el grupo. Además, para honrarlo por su bondad, el emperador les otorgaría la buena fortuna a todos los que nacieran en un año cerdo.

Ya con el grupo conformado sería simple conocer las fortalezas y debilidades de la humanidad, y sería una herramienta efectiva de autoconocimiento y conocimiento de los demás para lograr fraternidad y equilibrio. Un mundo en unidad y armonía, como era el deseo más profundo de los que alcanzan el estado de Buda.

A partir de allí se tejió una profunda filosofía que explica la energía y el comportamiento de cada persona desde estos doce animales que, por su fuerza, tesón y audacia, o simplemente por ser especiales, lograron llegar al palacio del emperador de Jade.

Alegría

Sanación

Generosidad

Magia

Ingenio

Empatía

Memoria

Valor

Lealtad

Resistencia

Bondad

Intuición

Cabe anotar que alrededor del horóscopo chino se tejen muchísimas historias cargadas de ancestros, magia y misticismo. Estas se han convertido en parte esencial del imaginario de esta cultura y todas han permanecido en el tiempo, transmitiendo el legado de las antiguas dinastías y superando las circunstancias que han traído las épocas modernas.

Los orígenes de la astrología china, que es la estructura fundamental del calendario y el horóscopo chino, se remontan a hace más de dos mil años, durante la Dinastía Han (206 a. C.), cuando, a través del escribano del emperador y de sus observadores —entre ellos, los astrónomos— se inició el primer compendio histórico de la China, desde el emperador Amarillo hasta ese momento. Además de dedicarse a reunir desde historias locales hasta las grandes hazañas de los guerreros, estudiaron también los cielos, el día, la noche y los planetas; entonces, todo tipo de manifestación que surgiera de las estrellas se empezó a traducir también como mensajes venidos del cielo, que desde la astrología china determinaban las decisiones del emperador. Por esta razón, los astrónomos en los imperios antiguos eran considerados funcionarios civiles, y decenas de ellos trabajaban desde diversos emplazamientos repartidos por todo el país.

El concepto de los doce animales del horóscopo chino y el significado metafórico de su carácter, como se conocen hoy en día, ha sido la evolución de esta filosofía durante miles de años, sobre la cual se trabaja la astrología china en la actualidad.

Si se preguntan cuál es la diferencia entre la astrología china y la occidental, la más evidente es que en la china la definición del animal que le corresponde a una persona depende del año de nacimiento, y en la occidental, el signo depende del mes.

Desde el horóscopo chino, además de tener en cuenta el año, también se incluyen otras variables que se definen dentro de esta filosofía como "los cuatro pilares" sobre los cuales se sustenta la vida de una persona —el año, el mes, el día y la hora de nacimiento—. Sin embargo, es importante aclarar que quienes hayan nacido en el mismo año son personas que comparten un conjunto de características que las hacen parte de un mismo grupo, por ser del mismo animal, y por compartir una identidad principal; las otras variables o "pilares" les darán a las personas un carácter mucho más individual.

Y antes de saber cuál es tu energía esencial y qué animal te corresponde, te invito a que te tomes un momento y te hagas las siguientes preguntas, para que comiences a descubrir de manera intuitiva cuál es la energía que te mueve. De esta manera, empezarás a reconocer tus características energéticas.

- ❖ ¿Te sientes una persona intuitiva?
- ❖ ¿Te conectas fácilmente con las personas?
- ❖ ¿Te demoras en entender el interés o foco de las personas cercanas a ti?
- ❖ ¿Dentro de tu propósito está servir y apoyar a los demás?
- ❖ ¿Eres práctico y racional?
- ❖ ¿Eres competitivo?
- ❖ ¿Reconoces que tienes características que te hacen sobresalir?
- ❖ ¿Sientes muchas veces que tu trabajo no es valorado?

◦✧ Sobre los cuatro pilares

Entonces, la combinación de los doce animales con los cinco elementos forma sesenta binomios, que son finalmente las sinergias principales en las cuales estamos inscritos y que se determinan a partir de la fecha de nacimiento. Para tener una descripción más precisa de cada persona se requieren, además del año —la característica principal—, los cuatro pilares que, en concreto, reflejan la personalidad de cada uno.

◆ **Pilar del año o la genética del individuo:**
se determina por el año de nacimiento, es el signo y representa el carácter heredado.

◆ **Pilar del mes o infancia del individuo:**
se determina por el mes lunar en que se nació (en el calendario chino, los meses también son definidos por los doce animales). Rige la infancia y la influencia familiar o social en los primeros años de vida y la relación con los padres.

◆ **Pilar del día o elemento maestro del individuo:**
el día del nacimiento marca el elemento correspondiente, y se denomina "elemento maestro" porque es el que acentúa y le da una energía específica a cada animal.

❖ **Pilar de la hora o las relaciones del individuo:**
la hora de nacimiento determina las relaciones
del individuo: sociales, laborales y familiares,
especialmente la que se tiene con la pareja y los
hijos. La hora exacta es indispensable para que los
cuatro pilares te den la información que necesitas
para entender aún más tu energía personal. En el
caso de no tenerla, es mejor no trabajar con un
dato impreciso para no obtener una información
equivocada y generar un análisis erróneo.

Ejemplo de los cuatro pilares de una persona nacida el
15 de julio de 2005, a las 3:35 p. m.:

Pilar del año (herencia, genética del individuo)	Pilar del mes (Infancia)	Elemento maestro	Pilar de la hora (relaciones en general, pareja, hijos, subalternos)
GALLO*	OVEJA	METAL*	MONO

1. El pilar del año y el elemento son la energía principal.*
2. En términos específicos, la energía de esta persona es *gallo de metal.*
3. Para saber más sobre tus cuatro pilares, te invito a descargar la app Be Feng Shui Contigo.

∘✧ Tu energía cardinal

Ahora nos ocuparemos entonces en trabajar tu energía principal a partir de los dos pilares más relevantes, que corresponden al *pilar del año o la genética del individuo* y el *pilar del día o elemento maestro del individuo*. Juntos conforman la característica energética más importante; en su sinergia se dan rasgos especiales a cada uno de nosotros en carácter, cualidades, fortalezas y debilidades.

Esto tiene como objetivo reconocer y entender tu energía del cielo y ponerla a tu favor para acercarte a tu mágica abundancia, y también para que, con tu energía personal, te conectes con la de los demás desde un lugar más cómodo, consciente y efectivo.

Este esquema es una revelación mágica de lo que somos, que reafirma lo que nos estructura energéticamente: manifestación mágica y real de nuestro SER.

∘✧ Encontrar tu animal y tu elemento

Para definir tu pilar del año —que representa tu animal principal— y el pilar del día —o elemento maestro, que acentúa y le da una tendencia específica a cada animal—, seguiremos el siguiente orden:

1. En la **tabla A**, según tu fecha de nacimiento, encuentra tu animal.
2. En la **tabla B** define tu elemento maestro.
3. Encuentra el animal que te corresponde y descubre sus características:

   a. Una virtud: el poder que debes reconocer en ti.

   b. Una emoción: que debes saber orientar a tu favor.

   c. El carácter: la forma en que te mueves en la vida.

   d. Cualidades y características generales: rasgos del animal que lo definen y describen, y que deberán ser potenciados o atenuados de acuerdo con la intención que se quiera manifestar en la realidad.

   e. Casa: junto con otro animal del horóscopo chino se conforma una sociedad que les da una habilidad especial.

   f. Una frase: que empodera a cada persona de acuerdo con su animal.

   g. Un aprendizaje: es el mensaje que debes tener en cuenta y que te lo da "tu animal maestro", que representa también tu energía opuesta.

   h. Fortuna: es una bendición especial que se manifiesta por la energía del animal.

   i. Elemento conector: lo encontrarás tanto en el animal como en el elemento, y es el objeto-símbolo que estará representado por un cristal específico que, por su alta vibración, expresa el fin de lo que se quiere recibir, modificar, potencializar o reafirmar en la mente (intención) o en el corazón (sentir). La conexión entre tu corazón y tu intención traerá el resultado. La idea es que lo lleves contigo, lo tengas cerca de ti, o al menos hagas conciencia de su poder y de por qué te es útil.

j. Aporta al entorno: el efecto que tu energía genera en los espacios donde estés.

4. El análisis: el trabajo de cada uno consistirá en identificar, entender, controlar y potenciar cada una de las características dadas por el animal que le corresponde. La información contenida en cada animal está planteada para que sea interpretada desde el corazón por cada persona; será el espíritu esencial de cada uno quien descifre el mensaje. Recuerda que tu energía es un regalo del cielo.

Tabla A - El animal de tu año de nacimiento

AÑO NUEVO CHINO
TABLA DESDE 1931 HASTA 2030

FECHA INICIO	FECHA FINAL	ANIMAL
17/02/1931	5/02/1932	OVEJA
6/02/1932	25/01/1933	MONO
26/01/1933	13/02/1934	GALLO
14/02/1934	3/02/1935	PERRO
4/02/1935	23/01/1936	CERDO
24/01/1936	10/02/1937	RATA
11/02/1937	30/01/1938	BUEY
31/01/1938	18/02/1939	TIGRE
19/02/1939	7/02/1940	LIEBRE
8/02/1940	26/01/1941	DRAGÓN
27/01/1941	14/02/1942	SERPIENTE
15/02/1942	4/02/1943	CABALLO
5/02/1943	24/01/1944	OVEJA
25/01/1944	12/02/1945	MONO
13/02/1945	1/02/1946	GALLO

FECHA INICIO	FECHA FINAL	ANIMAL
2/02/1946	21/01/1947	PERRO
22/01/1947	9/02/1948	CERDO
10/02/1948	28/01/1949	RATA
29/01/1949	16/02/1950	BUEY
17/02/1950	5/02/1951	TIGRE
6/02/1951	26/01/1952	LIEBRE
27/01/1952	13/02/1953	DRAGÓN
14/02/1953	2/02/1954	SERPIENTE
3/02/1954	23/01/1955	CABALLO
24/01/1955	11/02/1956	OVEJA
12/02/1956	30/01/1957	MONO
31/01/1957	17/02/1958	GALLO
18/02/1958	7/02/1959	PERRO
8/02/1959	27/01/1960	CERDO
28/01/1960	14/02/1961	RATA
15/02/1961	4/02/1962	BUEY
5/02/1962	24/01/1963	TIGRE
25/01/1963	12/02/1964	LIEBRE

FECHA INICIO	FECHA FINAL	ANIMAL
13/02/1964	1/02/1965	DRAGÓN
2/02/1965	20/01/1966	SERPIENTE
21/01/1966	8/02/1967	CABALLO
9/02/1967	29/01/1968	OVEJA
30/01/1968	16/02/1969	MONO
17/02/1969	5/02/1970	GALLO
6/02/1970	26/01/1971	PERRO
27/01/1971	14/02/1972	CERDO
15/02/1972	2/02/1973	RATA
3/02/1973	22/01/1974	BUEY
23/01/1974	10/02/1975	TIGRE
11/02/1975	30/01/1976	LIEBRE
31/01/1976	17/02/1977	DRAGÓN
18/02/1977	6/02/1978	SERPIENTE
7/02/1978	27/01/1979	CABALLO
28/01/1979	15/02/1980	OVEJA
16/02/1980	4/02/1981	MONO
5/02/1981	24/01/1982	GALLO

FECHA INICIO	FECHA FINAL	ANIMAL
25/01/1982	12/02/1983	PERRO
13/02/1983	1/02/1984	CERDO
2/02/1984	19/02/1985	RATA
20/02/1985	8/02/1986	BUEY
9/02/1986	28/01/1987	TIGRE
29/01/1987	16/02/1988	LIEBRE
17/02/1988	5/02/1989	DRAGÓN
6/02/1989	26/01/1990	SERPIENTE
27/01/1990	14/02/1991	CABALLO
15/02/1991	3/02/1992	OVEJA
4/02/1992	22/01/1993	MONO
23/01/1993	9/02/1994	GALLO
10/02/1994	30/01/1995	PERRO
31/01/1995	18/02/1996	CERDO
19/02/1996	6/02/1997	RATA
7/02/1997	27/01/1998	BUEY
28/01/1998	15/02/1999	TIGRE
16/02/1999	4/02/2000	LIEBRE

FECHA INICIO	FECHA FINAL	ANIMAL
5/02/2000	23/01/2001	DRAGÓN
24/01/2001	11/02/2002	SERPIENTE
12/02/2002	31/01/2003	CABALLO
1/02/2003	21/01/2004	OVEJA
22/01/2004	8/02/2005	MONO
9/02/2005	28/01/2006	GALLO
29/01/2006	17/02/2007	PERRO
18/02/2007	6/02/2008	CERDO
7/02/2008	25/01/2009	RATA
26/01/2009	13/02/2010	BUEY
14/02/2010	2/02/2011	TIGRE
3/02/2011	22/01/2012	LIEBRE
23/01/2012	9/02/2013	DRAGÓN
10/02/2013	30/01/2014	SERPIENTE
31/01/2014	18/02/2015	CABALLO
19/02/2015	7/02/2016	OVEJA
8/02/2016	27/01/2017	MONO
28/01/2017	15/02/2018	GALLO

FECHA INICIO	FECHA FINAL	ANIMAL
16/02/2018	4/02/2019	PERRO
5/02/2019	24/01/2020	CERDO
25/01/2020	11/02/2021	RATA
12/02/2021	31/01/2022	BUEY
1/02/2022	21/01/2023	TIGRE
22/01/2023	9/02/2024	LIEBRE
10/02/2024	28/01/2025	DRAGÓN
29/01/2025	16/02/2026	SERPIENTE
17/02/2026	5/02/2027	CABALLO
6/02/2027	25/01/2028	OVEJA
26/01/2028	12/02/2029	MONO
13/02/2029	2/02/2030	GALLO
3/02/2030	1/22/2031	PERRO

Tabla B – Para saber tu elemento maestro

Tabla A

AÑO		CÓDIGO	AÑO		CÓDIGO
1931		52	1953		48
1932	B	57	1954		53
1933		3	1955		58
1934		8	1956	B	3
1935		13	1957		9
1936	B	18	1958		14
1937		24	1959		19
1938		29	1960	B	24
1939		34	1961		30
1940	B	39	1962		35
1941		45	1963		40
1942		50	1964	B	45
1943		55	1965		51
1944	B	0	1966		56
1945		6	1967		1
1946		11	1968	B	6
1947		16	1969		12
1948	B	21	1970		17
1949		27	1971		22
1950		32	1972	B	27
1951		37	1973		33
1952	B	42	1974		38

AÑO		CÓDIGO	AÑO		CÓDIGO
1975		43	2000	B	54
1976	B	48	2001		0
1977		54	2002		5
1978		59	2003		10
1979		4	2004	B	15
1980	B	9	2005		21
1981		15	2006		26
1982		20	2007		31
1983		25	2008	B	36
1984	B	30	2009		42
1985		36	2010		47
1986		41	2011		52
1987		46	2012	B	57
1988	B	51	2013		3
1989		57	2014		8
1990		2	2015		13
1991		7	2016	B	18
1992	B	12	2017		24
1993		18	2018		29
1994		23	2019		34
1995		28	2020	B	39
1996	B	33	2021		45
1997		39	2022		50
1998		44	2023		55
1999		49	2024	B	60

AÑO	CÓDIGO
2025	6
2026	11
2027	16

AÑO		CÓDIGO
2028	B	21
2029		27
2030		33

Tabla B

MES	CÓDIGO
1	0
2	31
3	59
4	30
5	0
6	31
7	1
8	32
9	3
10	33
11	4
12	34

Tabla C

AÑO	CÓDIGO	AÑO	CÓDIGO
1	MADERA	25	TIERRA
2	MADERA	26	TIERRA
3	FUEGO	27	METAL
4	FUEGO	28	METAL
5	TIERRA	29	AGUA
6	TIERRA	30	AGUA
7	METAL	31	MADERA
8	METAL	32	MADERA
9	AGUA	33	FUEGO
10	AGUA	34	FUEGO
11	MADERA	35	TIERRA
12	MADERA	36	TIERRA
13	FUEGO	37	METAL
14	FUEGO	38	METAL
15	TIERRA	39	AGUA
16	TIERRA	40	AGUA
17	METAL	41	MADERA
18	METAL	42	MADERA
19	AGUA	43	FUEGO
20	AGUA	44	FUEGO
21	MADERA	45	TIERRA
22	MADERA	46	TIERRA
23	FUEGO	47	METAL
24	FUEGO	48	METAL

AÑO	CÓDIGO	AÑO	CÓDIGO
49	AGUA	55	TIERRA
50	AGUA	56	TIERRA
51	MADERA	57	METAL
52	MADERA	58	METAL
53	FUEGO	59	AGUA
54	FUEGO	60	AGUA

1. En la **tabla A**, busca la cifra asignada para tu año de nacimiento.
2. En la **tabla B**, busca la cifra para tu mes de nacimiento.
3. Suma las cifras de la tabla A y B y el día de nacimiento.
4. Si el año de nacimiento fue bisiesto (**B** en tabla A) y la fecha es a partir de marzo, añade 1 (uno) a la cifra anterior.
5. Si el total suma más de 60, resta 60. Si suma más de 120, resta 120.
6. En la **tabla C** busca el elemento correspondiente.

Ejemplo: 21 de febrero de 1970
17+31+21= 69 69-60= 9 9= **AGUA**

La magia de todos nosotros ha estado ahí siempre, y en este momento se hace manifiesta a través de este primer permiso —tu energía—. Abrázala, entiéndela y ponla a tu favor; úsala como herramienta para no desviarte por caminos que no te corresponde andar y que no te permiten vivir tu máxima energía personal. Ya no tendrás que hacer lo que no te concierne, porque tu energía te indicará qué es lo tuyo, por dónde es, y con qué cuentas para hacerte abundante.

◦✧ Los doce animales

Los doce animales están divididos en cuatro sinergias o triángulos: el triángulo de la creatividad y el ingenio, el triángulo del dinero y el comercio, el triángulo de la familia y la protección, y el triángulo de la fuerza y la ambición.

La descripción de cada animal la vamos a dividir en los triángulos correspondientes para que vayamos descubriendo las cualidades y el poder del grupo y de los animales que

Los doce animales

lo conforman; así, cada persona empezará a entender su propio y particular poder, lo que le abrirá una dimensión de infinitas posibilidades y la puerta de entrada a su plataforma potenciada X, lugar donde empezará a conectarse con su mágica abundancia.

₀✧ Triángulo de la creatividad y el ingenio

Este grupo se caracteriza por tener una amplia visión de las cosas y por su capacidad de ver posibilidades en todo momento y lugar. Comparten la emoción de proponer ideas, de planear grandes proyectos y de llevarlos a la acción.

La rata

"Le preguntan a una rata... ¿Qué es el encanto?
—Esta palabra podría ser sinónimo de mi nombre...
yo hipnotizo, soy mágica, secreta. Conozco mis encantos,
los uso y abuso. Apasionada en mis afectos, me aterro
con la gratuita exhibición de sentimientos y me muevo
con delicadeza felina; tengo sutileza, inteligencia y ambición
para alcanzar mis objetivos".
Del *Libro de las odas*

Fortuna: por su astucia, fue el primer animal en llegar; es el que abre el calendario chino, y el primero en el horóscopo chino. Es uno de los cuatro magníficos del calendario chino y su poder radica en darles la gracia del amor y del encanto personal a la liebre, la oveja y el cerdo, llamada "la flor del amor" o "flor de melocotón". Esta virtud es especialmente útil para estos animales en los años, meses, días y horas de la rata en el calendario chino.

Virtud: la intuición.

Emoción: ira (la agresividad como acto reflejo).

Carácter: fijo.

Casa: de la creatividad, con el buey. En esta ingeniosa sociedad, la rata aporta la capacidad de idear cosas nuevas, y el buey, el método para ejecutarlas.

Aporta al entorno: riesgo.

Todo lo vive con pasión y le encanta el misterio. Aporta a un equipo la capacidad de ver posibilidades donde otros no las ven. Eso la hace asumir el liderazgo, por lo que todos dependerán de ella. Es muy reservada, así mantiene distancia y podrá vivir a su ritmo. Es innovadora y emprendedora, lo que la hace generadora de proyectos y de dinero. Tiene la capacidad de razonar lógicamente. Es ambiciosa y derrochadora.

Tu frase: "yo todo lo hago posible".

Aprendizaje: aprender la generosidad incondicional del caballo y replantear lo sagaz y oportunista que es.

Elemento conector: cristal de sodalita, para la visión profunda y el discernimiento.

El dragón

Fortuna: "el rey dragón" domina el agua, la lluvia y el viento, y al ser el único animal mítico entre los doce del horóscopo chino, a su al alrededor hay un imaginario mágico y fantástico que le da poderes extraordinarios y una energía especial que solo él tiene. Siempre ha representado a los emperadores y su poder, y al ser el rey del agua, se le otorgan las bendiciones que traen las cosechas. Quien nazca en un año dragón será considerado bendecido por la buena fortuna.

Virtud: concentración.

Emoción: comprensión.

Carácter: fijo.

Casa: de lo oculto, con la serpiente. En esta mística sociedad, el dragón aporta el poder psíquico y la espiritualidad, y la serpiente, la capacidad de ver y entender los misterios de la vida.

Aporta al entorno: audacia.

El animal fantástico, sobrenatural, exuberante. Tiene un poder oculto no manifiesto que lo hace intuitivo y mágico. Es la fuerza benigna de la naturaleza. Vital, exótico, audaz.

Es considerado noble y generoso, representa la fuerza y cuenta con un poder creativo que se origina a nivel espiritual. Símbolo de movimiento, pero especialmente de un "movimiento inteligente" que le da la capacidad de esperar y de actuar cuando llega el momento.

Tu frase: "yo todo lo sueño".

Aprendizaje: aprender que a veces es preferible hacerse a un lado (perro).

Elemento conector: cristal de jade, la joya preciosa, para elevar aún más su magia personal.

El mono

Virtud: ingenio.

Emoción: miedo.

Carácter: dinámico.

Casa: de la tecnología, con el gallo. En esta recursiva sociedad, el mono aporta la imaginación y la habilidad para resolver cualquier situación, y el gallo, la experiencia y el conocimiento para alcanzar un buen resultado.

Aporta al entorno: creatividad.

Es ágil para hacer las cosas. Aporta habilidad a los equipos, grupos y trabajos. Inteligencia, ingenio e inventiva. La energía del mono rige la jornada de 3 a 5 p. m.; dentro del calendario chino, a cada animal le corresponden dos horas del día; en este caso, a las horas del mono se les conoce como la hora de "estirarse" y distraerse y hacer un corte en el día. Es irreverente con la autoridad. Lo caracterizan su gracia, humor y elocuencia. Su dispersión pasa de ser una cualidad dinámica a una debilidad que lo inquieta.

Tu frase: "yo todo lo gozo".

Aprendizaje: aprender la lección de la obediencia y el respeto a las tradiciones (tigre).

Elemento conector: cristal de pirita, para mantenerlo en sintonía con sus proyectos y lograr concretarlos.

° ✧ Triángulo de las finanzas y los negocios

Este grupo es el que tiene toda la capacidad para idear, crear y amasar fortunas; su conexión se mueve a nivel mental. Cada uno lo hará desde su energía: la serpiente, desde el cálculo; el buey, desde su constancia, y el gallo, desde su agilidad para convencer a los demás.

La serpiente

Virtud: sanación.

Emoción: preocupación.

Carácter: fijo.

Casa: de lo oculto, con el dragón. En esta mística sociedad, la serpiente aporta la capacidad de ver y entender los misterios de la vida, y el dragón, el poder psíquico y la espiritualidad.

Aporta al entorno: orgullo.

Habilidad para manejar el dinero. Enigmática y mística, inteligente, sabia, bella y mágica. ¡Su habilidad es envolvernos a todos! Domina y controla. Analítica y serena, elegante, clásica, silenciosa y precavida. Es sanadora; esta cualidad se manifiesta en ella por su relación simbólica con la kundalini.

Tu frase: "yo todo lo sano".

Aprendizaje: aprender a confiar en los demás y a ser generosa (cerdo).

Elemento conector: cristal fluorita azul, para ampliar el potencial sanador.

El gallo

Fortuna: es uno de los cuatro magníficos del calendario chino y su poder radica en darles la gracia del amor y del encanto personal a la rata, el dragón y el mono, llamada "la flor del amor" o "flor de melocotón". Esta virtud es especialmente útil para estos animales en los años, meses, días y horas del gallo en el calendario chino.

Virtud: la memoria.

Emoción: miedo.

Carácter: fijo.

Casa: de la tecnología, con el mono. En esta recursiva sociedad, el gallo aporta la experiencia y el conocimiento para alcanzar un buen resultado, y el mono, la imaginación y la habilidad para resolver cualquier situación.

Aporta al entorno: elocuencia.

Detecta las necesidades que los otros no ven, por eso es el animal del "marketing"; esto lo hace muy bueno para asuntos comerciales. Como le gustan la actualidad y estar siempre al día, estará actualizado en todos los temas, sabrá lo último en moda, marcas, tecnología, política y arte, y eso lo hace un conversador interesante y sofisticado. Le encanta dejarse ver y es directo y asertivo con la palabra. La hora del gallo es la *happy hour*, de 5 a 7 p. m.; dentro del calendario chino, a cada animal le corresponden dos horas del día, y en este caso, las horas del gallo son el momento de relajarse y de un poco de brillo y luces que lo dejen hacerse notar, tiempo en el cual la energía del gallo es la dominante.

Tu frase: "yo todo lo logro".

Aprendizaje: aprender a ser cuidadoso con las palabras (liebre).

Elemento conector: cristal ágata musgo, para la autoexpresión y para controlar el miedo.

El buey

Fortuna: se le llama "buey de primavera" y representa el último mes del invierno chino. Es símbolo de establecer los cimientos para el éxito.

Virtud: concentración.

Emoción: frustración.

Carácter: fijo.

Casa: de la creatividad, con la rata. En esta ingeniosa sociedad, el buey aporta el método para ejecutar las ideas que la rata genera, gracias a su capacidad de crear cosas nuevas.

Aporta al entorno: practicidad.

¡Tan práctico que se vuelve crudo, tan metódico y perfeccionista que se vuelve terco! Es trabajador y serio, todo lo hace bien. Es firme, determinado y estable. Es de una sola posición; por eso debe cultivar el tacto y la diplomacia. Como exige la perfección, causa molestia en otros y en él mismo, en muchos momentos, privándolo de la posibilidad de vivir la vida a plenitud.

Tu frase: "yo todo lo aprendo".

Aprendizaje: aprender a encontrar en él la tolerancia y sensibilidad de la oveja.

Elemento conector: cristal de apatita, para mitigar la frustración y permitirse vivir el gozo libre de culpa.

°✧ Triángulo de la ambición y el poder

Este grupo se garantiza por su carácter y es el que mejor actitud tiene frente la vida, lo que les dará a los animales que lo conforman un punto adicional en el permiso cinco. Tiene un enfoque claro de la vida y esto los estimula a trabajar por sus objetivos.

El caballo

Fortuna: es uno de los cuatro magníficos del calendario chino y su poder radica en darles la gracia del amor y del encanto personal al buey, el gallo y la serpiente, llamada "la flor del amor" o "flor de melocotón". Esta virtud es especialmente útil para estos animales en los años, meses, días y horas del caballo en el calendario chino.

Virtud: alegría.

Emoción: alegría.

Carácter: ambivalente, el animal más opuesto de todos.

Casa: de la sexualidad, con la oveja. En esta atractiva sociedad, el caballo aporta su energía y potencia para lograr una unión plena, y la oveja, la seducción.

Aporta al entorno: energía.

Representa la máxima fuerza del Sol. Es el animal más sexual de todos (hombres y mujeres). Representa la fuerza masculina y la rudeza, pero a la vez es sociable y amable. Alegre y popular, y al mismo tiempo neurótico y delicado. La pasión que lo acompaña, vista como una energía, puede llevarlo a veces a estados de ánimo intensos que, por su carácter ambivalente, lo pueden mover después a un punto de desánimo y desinterés.

Tu frase: "yo todo lo lidero".

Aprendizaje: aprender de la versatilidad y capacidad de adaptación de la rata.

Elemento conector: cristal de esmeralda, para equilibrar las emociones y fortalecer la misión del corazón, que es lo que lo mueve.

El perro

Virtud: lealtad.

Emoción: timidez.

Carácter: dinámico.

Casa: del hogar, con el cerdo. En esta cálida sociedad, el perro aporta protección y seguridad, y el cerdo, la provisión para que el hogar se sienta cómodo y acogedor.

Aporta al entorno: inteligencia.

De los doce animales es el más constante, firme, persistente y perseverante, tanto que puede llegar a ser inflexible. La energía del perro rige la hora de 7 a 9 p. m.; dentro del calendario chino a cada animal le corresponden dos horas del día, y en este caso, las horas del perro son el momento en el que las casas se deben cerrar porque hay que proteger a la familia y él se encargará de hacerlo, gracias a que es leal, protector y precavido, y porque su casa y su hogar le dan seguridad y una motivación para seguir. Es de gran profundidad mental, lo que lo hace duro, desconfiado y analítico; esto le da una visión sobre la responsabilidad que no le permite muchas veces disfrutar la vida con plenitud.

Tu frase: "yo todo lo analizo".

Aprendizaje: debe aprender cómo poder ser el primero (dragón).

Elemento conector: cristal de citrino, para fomentar la autoestima y amplificar la capacidad de sentir alegría y de gozar las cosas buenas de la vida.

El tigre

Virtud: valor.

Emoción: tristeza.

Carácter: fijo, el más de todos.

Casa: de la expansión, con la liebre. En esta visionaria sociedad, el tigre aporta la autoridad y la potencia para ejecutar planes y proyectos, y la liebre, la sagacidad y el tacto para que esos proyectos progresen.

Aporta al entorno: disciplina.

Tiene voz de mando y le gusta la competencia. Sabe que tiene toda la capacidad física y mental para resolverlo todo. Casi que busca los problemas porque tiene con qué resolverlos. Apasionado, ambicioso, autoritario e impulsivo. Conquista por la fuerza.

Tu frase: "Yo todo lo puedo".

Aprendizaje: no tomarse tan en serio las cosas y trabajar en equipo (mono).

Elemento conector: cristal de jaspe rojo, le da apoyo en todo momento y la confianza de que está sostenido por una fuerza superior, y así fluir con la sensación de que "debo resolverlo todo".

Triángulo de la familia y la seguridad

Este es el grupo más amoroso y generoso de todos; piensan siempre en los demás, en el bien común, y sus acciones por lo general están encaminadas al bienestar de todos, lo que les dará a los animales que lo conforman un punto adicional en el permiso cinco, por pensar en unidad y tener empatía con los demás

La oveja

Fortuna: la leyenda cuenta que hace miles de años, cuando la Tierra se encontraba en crisis, los dioses le dieron la misión a la oveja de guardar en su boca la única semilla del último árbol que quedaba para que se mantuviera húmeda, y cuando se la pidieran, la entregara lista para sembrar y que la Tierra renaciera. Así lo hizo, y gracias a esa semilla la Tierra se volvió a poblar de árboles. Desde este momento, los dioses le dieron la bendición de ser mensajera sagrada.

Virtud: generosidad.

Emoción: pasión.

Carácter: fijo.

Casa: de la sexualidad, con el caballo. En esta atractiva sociedad, la oveja es seducción y encanto, y el caballo, energía y potencia; estas dos energías se juntan para lograr unión plena.

Aporta al entorno: gentiliza.

Tiene cualidades relacionadas con la mujer: consciencia y conocimiento interior. Representa la belleza, la sensualidad y el poder de seducción, es la total sexualidad femenina. Dramática y sensible. Son muy pacientes y humildes, también muy románticas y enamoradas. Da con generosidad (quizá con resignación). Su sensibilidad se manifiesta en el arte y en todo lo que tenga que ver con la belleza.

Tu frase: "yo todo lo siento".

Aprendizaje: aprender la capacidad de trabajo y practicidad del buey.

Elemento conector: cristal de sodalita, para controlar la sensibilidad emocional y equilibrar la relación mente-corazón.

La liebre

Fortuna: es la regente de la primavera, la princesa de la primavera, portadora del florecer y el renacer de la energía. Es uno de los cuatro magníficos del calendario chino y su poder radica en darles la gracia del amor y del encanto personal al tigre, el perro y el caballo, llamada "la flor del amor" o "flor de melocotón". Esta virtud es especialmente útil para estos animales en los años, meses, días y horas de la liebre en el calendario chino.

Virtud: valor.

Emoción: tristeza.

Carácter: ambivalente.

Casa: de la expansión, con el tigre. En esta visionaria sociedad, la liebre aporta agilidad y tacto a los proyectos que el tigre, con autoridad y potencia, propone y ejecuta.

Aporta al entorno: placer.

Todo lo que hace le sale bien. ¡Sensibilidad, gracia y encanto total! Por eso no quiere que nada la perturbe. Es cálida, con mucha empatía; sin embargo, es escurridiza y ligera. Conquista por la diplomacia, es el animal más diplomático de todos. Aporta fertilidad en todo sentido, toda su energía está enfocada al renacer.

Tu frase: "yo todo lo quiero".

Aprendizaje: aprender a ser más directa y franca y enfrentar las situaciones (gallo).

Elemento conector: cristal de hematites, para aterrizar y crear enraizamiento y polo a tierra.

El cerdo

La propiedad de la clemencia es que no sea forzada;
cae como la dulce lluvia del cielo sobre la tierra de abajo;
es dos veces bendita: bendice al que la da y al que la recibe...
De *El mercader de Venecia,* en *El libro tibetano de la vida*
y la muerte

La compasión es la joya que concede todos los deseos,
y su luz de curación se extiende en todas direcciones.
De *El libro tibetano de la vida y de la muerte*

Fortuna: por su bondad, fue escogido para cerrar el círculo de los doce animales.

Virtud: bondad.

Emoción: regocijo.

Carácter: fijo.

Casa: del hogar, con el perro. En esta cálida sociedad, el cerdo da la provisión para que el hogar se sienta cómodo y acogedor, y el perro aporta protección y seguridad.

Aporta al entorno: confort.

Tiene buena fortuna, es próspero y abundante por naturaleza, lo que no siempre está relacionado con lo material, sino con asuntos más elevados del ser. Busca siempre la seguridad, una vida familiar plena y dar cariño a todos. Es fuente de alimentación, pueden proveer varias casas al mismo tiempo.

Tu frase: "yo todo lo soluciono".

Aprendizaje: aprender que las apariencias sí importan (serpiente).

Elemento conector: cristal de amatista, para fortalecer la compasión y la bondad. A la vez, ayuda al bonachón cerdo a tomar decisiones coherentes y acertadas.

⋄ Los cinco elementos o elementos maestros

Se denomina "elemento maestro" porque es el que acentúa y le da una tendencia específica a cada animal, y marca un aspecto muy importante para las personas: la autoestima, el estado de ánimo, los afectos. Son cinco elementos —fuego, tierra, metal, agua, madera— que le dan una característica especial a cada uno de los doce animales. Aquí serán vistos con energías que están en permanente movimiento y que vibran de forma particular; no se pueden ver como los conocemos en esta tercera dimensión, sino como frecuencias de altísimo poder. Por esta razón, el manejo estratégico del elemento maestro será una herramienta poderosa con la que podemos contar.

"Las cinco virtudes de Confucio"

❖ La benevolencia es la virtud del elemento madera.
❖ La deferencia es la virtud del elemento fuego.
❖ La lealtad es la virtud del elemento tierra.
❖ La justicia es la virtud del elemento metal.
❖ La sabiduría es la virtud del elemento agua.

Elemento maestro fuego

Verano: representa la energía más expansiva (el Sol) y el florecimiento.

Lo positivo: la energía expansiva, que lleva al éxito.

Lo negativo: la energía del caos, que lleva a la destrucción.

La emoción: la alegría.

Exige tener coherencia para mantenerse en un punto medio, porque se comporta según como se encauce. Aporta al carácter agilidad, rapidez, agresividad y pasión.

Elemento conector: cristal de granate para equilibrar la energía; da serenidad y/o pasión en el momento que corresponda.

Responde al entorno desde: el corazón.

Elemento maestro tierra

Final del verano, paso al otoño: representa la consolidación y el arraigo, la nutrición del cuerpo, la mente y el espíritu, y representa a la madre.

Lo positivo: la estabilidad.

Lo negativo: la lentitud.

La emoción: ansiedad.

Aporta al carácter rigidez, seguridad, equilibrio, firmeza y perseverancia.

Elemento conector: cristal de cuarzo ahumado, para mantener conexión con la tierra y controlar la ansiedad.

Responde al entorno desde: la fuerza interior.

Elemento maestro metal

Otoño: representa la energía del padre; es firme, inmóvil, tiene el poder de atraer la energía del cielo.

Lo positivo: la ambición.

Lo negativo: la insensibilidad.

La emoción: la tristeza.

El metal aporta al carácter concentración, capacidad de cálculo y proyección, pero con cierta insensibilidad y egoísmo.

Elemento conector: cristal de cornalina para fortalecer la mirada realista de la vida; dispersa la indiferencia y les da motivación a las acciones.

Responde al entorno desde: los pensamientos.

Elemento maestro agua

Invierno: es una energía totalmente femenina, y se considera el elemento de todas las energías.

Lo positivo: fluidez y movimiento.

Lo negativo: el temor, la inestabilidad, y en algunos casos la falta de confianza en sí mismos.

La emoción: el miedo.

Representa vida, prosperidad, renovación, y tiene la facultad de la voluntad.

Elemento conector: cristal de ágata de cinta azul, para sanar, calmar y traer paz mental, para así poder lograr sus objetivos.

Responde al entorno desde: las emociones.

Elemento maestro madera

Primavera: la energía del elemento es el crecimiento; nunca es estático, da lugar al cambio.

Lo positivo: la expansión.

Lo negativo: la dispersión.

La emoción: la ira.

Aporta al carácter extroversión y sociabilidad. Su tendencia es a ser pionero y buen líder. Por su frecuencia móvil, puede tener la dificultad para concretar o completar una tarea.

Elemento conector: cristal de jade, integra mente y cuerpo para ir a la acción.

Responde al entorno desde: la acción.

De la conjunción entre el animal y el elemento nace una pareja especial, o como ya lo he explicado antes, y en términos del calendario chino, un *binomio*. Revisa con detenimiento el binomio o pareja que te corresponde y siente la relación de doble vía que se genera entre tu animal y tu elemento. Empieza así a entender y alimentar tu plataforma potenciada X.

Tu energía – Tu binomio aquí

....

Pilar del año
(herencia, genética
del individuo)

**Elemento
maestro**

....

....

Para activar tu energía

1. En este esquema, ubica tu animal del año y tu elemento maestro.
2. Define qué te sorprendió al saber qué animal eres antes de leer sus características. Revisa si te gustó ser ese animal o no.
3. Una vez hayas leído las características, sé consciente del poder de las cualidades que tienes y de cómo puedes controlar lo que debes manejar.
4. Usa el elemento conector para activar tu energía personal desde tu animal y tu elemento maestro.

¡Que el conocerte y
**entender a los demás
te haga ser libre y**
te lleve a encontrarte
**con tu mágica
abundancia!**

PERMISO DOS
TU AÑO O EL MING GUA
– ESENCIA NATURAL

Un texto del I Ching explica:
"Antes, cuando la ley de todo lo que había bajo el cielo estaba
en manos de Fu-Shi, este levantó la vista y estudió las brillantes
formas que se movían por el cielo. Seguidamente contempló todo
aquello que representa la Tierra, observó las particularidades
de los animales y los pájaros, y los diferentes recursos del suelo.
Mucho más cerca de sí mismo, en su propia persona, encontró
cosas dignas de interés, y más lejos, en las cosas en general, otros
elementos interesantes.
Entonces inventó ocho figuras de tres líneas cada una:
ocho figuras que debían servir para comprender la inteligencia
de la naturaleza y clasificar la inmensidad
de seres y cosas..."

Dimensión	Suerte del cielo
Campo	La faceta celestial
Conocimiento	El ming gua - *I Ching o el libro de las mutaciones*
Componentes	Los números 1 - 9
Señal	Reconocer tu esencia natural de vida desde tu año de nacimiento

◦❖ El ming gua

Fu-Shi fue el inventor de la escritura y creador de los hexagramas del *I Ching*, hace cuarenta y ocho siglos. Fue durante su reinado que la "adivinación" creció y se hizo popular, siendo la lectura de tortugas el primer sistema de lectura del *I Ching*, basado en un cuadrado mágico que este emperador descubrió en el dorso de una de ellas. Es ahí en donde se originó el bagua, figura de ocho lados con un punto central; a cada uno de los lados del octágono le corresponde una esencia, que está ligada al año de nacimiento. De esta forma octagonal se deriva a su vez un cuadrado de nueve casillas, cada una identificada como un *gua*. Es así como el bagua es el conjunto de varios gua que son una manifestación poderosa de la energía, representada también por un número.

Como dato especial, si se suman en línea en cualquiera de las direcciones los números que corresponden a cada casilla, pasando por la casilla central, el resultado siempre será quince, lo que mostraría una unidad vibracional en términos de energía, otorgándole al bagua un carácter misterioso.

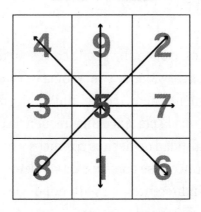

Entonces, cuando cada uno de nosotros nace, está influenciado por el gua o la esencia que gobierna ese año. Así es como nuestro año de nacimiento nos lleva a descubrir aspectos maravillosos de nuestro ser interior, a través de la magia de las filosofías ancestrales de Oriente, y nos permite conectarnos con nuestra esencia y con las particularidades de nuestra propia naturaleza.

El ming gua determina la influencia poderosa que sobre nosotros ejerce el gua del año en que nacemos. Esta energía lo gobierna de manera particular, y está representada por un número y por un trigrama del *I Ching*. El trigrama se define como un conjunto de tres líneas en una configuración energética y dinámica, una interacción entre la energía yin y la energía yang; el yang se representa por una línea continua, y el yin, por una línea discontinua.

Es así como a cada ming gua le corresponden características específicas cargadas de simbología y de variables que se funden permanentemente con el flujo universal de la energía; a cada persona le pertence una frecuencia especial que la vincula con infinidad de hechos cósmicos y humanos, facultándola para conectarse con sucesos y objetos que hasta hoy le podían ser indiferentes, y es allí donde descubrimos que hacemos parte de un todo.

Tu año de nacimiento

Asimismo, a cada ming gua base le corresponde un ming gua complementario, que está en la misma línea pero en el extremo contrario del octágono; la reciprocidad que se establece entre estos dos polos debe tenerse muy en cuenta, dado que es una relación opuesta, pero a la vez integral, que le concede a la esencia de una persona ser flexible y no absoluta. Es importante aclarar que la energía dominante es la de tu año de nacimiento: es la principal, y la que representa uno de los cinco permisos dados por el universo. El ming gua complementario es una extensión de la energía principal.

La simbiosis entre las dos energías es lo que fortalecerá tu esencia para alcanzar tus metas y conectarte efectivamente con tu abundancia. La magia de este tipo de teorías es que son generosas en información y enfoque, abren la puerta a un autorreconocimiento de corazón y despejan dimensiones extraordinarias para vibrar con la naturaleza y el carácter de nuestro ser más íntimo.

En una de mis asesorías, la persona frente a mí era un hombre con ming gua 3. Su esencia era la responsabilidad: responder, organizar y seguir las normas. Estaba claro que su energía manifestaba su naturaleza y que su vida, a lo largo de los últimos años, se había convertido en acatar y cumplir con las reglas. A través de un análisis de su ming gua descubrió que podía transformar esa energía y vibrar de manera diferente.

Para este hombre, el complemento o la expansión de su ming gua base tenía que ver con los sueños, con materializar proyectos de forma efectiva para vivir en armonía. En este caso, el equilibrio para él estaba representado por el número

7. Entender su esencia a través de la información proporcionada por el ming gua lo facultó a moverse como un péndulo. De forma dinámica e inteligente, característica transcendental del gua 3, hoy oscila entre estas dos energías, sacándoles provecho a las cualidades de cada una de las fuerzas que hacen parte fundamental de su carácter.

°◆ Encontrar tu ming gua

El ming gua se determina a partir de la fecha de nacimiento, específicamente con tu año. El cálculo es diferente para hombres y mujeres, así hayan nacido el mismo año, y, como muchas de las filosofías orientales, se basa en el calendario lunar chino. Por lo tanto, es clave corroborar en este cuál es el año que te corresponde. Esta confirmación es especialmente importante si tu mes de nacimiento se da entre enero y febrero, ya que como este calendario inicia de acuerdo con la primera luna de primavera del año, que se da entre estos meses, esa fecha de inicio varía cada año, de acuerdo con el movimiento de la luna.

Más adelante encontrarás un cuadro con los años del calendario chino, que te muestra cuándo inicia cada año y cuándo termina. Para quienes nacieron entre enero y febrero, este cuadro será de gran ayuda para definir con exactitud su año correspondiente; también puedes encontrarlo en la app Be Feng Shui Contigo.

El cálculo para encontrar el resultado del ming gua establece una frecuencia para las mujeres y otra para hombres, considerando el sexo biológico con el que cada uno nació, independientemente de su orientación sexual, pues surgió según sabidurías antiguas.

Para las mujeres

Se suman los dos últimos dígitos del año de nacimiento y se convierte en una cifra de un solo dígito. A este resultado se le debe sumar 5. Veamos el ejemplo para una mujer con fecha de nacimiento el 10 de septiembre de 1986:

$$8 + 6 = 14$$
$$1 + 4 = 5$$
$$5 + 5 = 10$$
$$1 + 0 = 1$$

El resultado de la operación anterior es 1; por lo tanto, este es su ming gua. Significa que, para ella, su esencia está relacionada con el propósito de vida.

Para los hombres

Se suman los dos últimos dígitos de su año de nacimiento y se convierte en un solo dígito. A este resultado se le debe restar el número 10. Para este ejemplo, tomemos a un hombre con fecha de nacimiento el 10 de septiembre de 1986:

$$8 + 6 = 14$$
$$1 + 4 = 5$$
$$10 - 5 = 5$$

El resultado de la operación anterior es 5; por lo tanto, este es su ming gua. Esto implica que para él su esencia está relacionada con el equilibrio y el control.

Las personas que nacieron a partir del año 2000 deben sumarle un año (1) al año de nacimiento, y se hace el cálculo igual que en las fórmulas anteriores. Para este ejemplo, tomaremos a un bebé (niño) que nació el 12 de abril de 2023:

El año 2023 se lleva al año 2024

$$2 + 4 = 6$$

$$10 - 6 = 4$$

Miremos este otro ejemplo para una mujer que nació el 3 de marzo de 2003:

El año 2003 se lleva al año 2004

$$0 + 4 = 4$$

$$5 + 4 = 9$$

Vemos entonces que a cada uno, como resultado de su fecha de nacimiento, le corresponde un ming gua con una energía específica que se manifiesta en una esencia natural, con un carácter distinto que se puede potencializar. A cada persona le pertenece uno de los nueve roles y, al saber con precisión el nuestro, podemos aprovechar al máximo nuestra esencia y ponerla en conexión con nuestra mágica abundancia.

Tabla para determinar
el inicio de cada año nuevo chino

(Información relevante para las personas nacidas entre enero y febrero)

FECHA INICIO	FECHA FINAL	ANIMAL
17/02/1931	5/02/1932	OVEJA
6/02/1932	25/01/1933	MONO
26/01/1933	13/02/1934	GALLO
14/02/1934	3/02/1935	PERRO
4/02/1935	23/01/1936	CERDO
24/01/1936	10/02/1937	RATA
11/02/1937	30/01/1938	BUEY
31/01/1938	18/02/1939	TIGRE
19/02/1939	7/02/1940	LIEBRE
8/02/1940	26/01/1941	DRAGÓN
27/01/1941	14/02/1942	SERPIENTE
15/02/1942	4/02/1943	CABALLO
5/02/1943	24/01/1944	OVEJA
25/01/1944	12/02/1945	MONO
13/02/1945	1/02/1946	GALLO

FECHA INICIO	FECHA FINAL	ANIMAL
2/02/1946	21/01/1947	PERRO
22/01/1947	9/02/1948	CERDO
10/02/1948	28/01/1949	RATA
29/01/1949	16/02/1950	BUEY
17/02/1950	5/02/1951	TIGRE
6/02/1951	26/01/1952	LIEBRE
27/01/1952	13/02/1953	DRAGÓN
14/02/1953	2/02/1954	SERPIENTE
3/02/1954	23/01/1955	CABALLO
24/01/1955	11/02/1956	OVEJA
12/02/1956	30/01/1957	MONO
31/01/1957	17/02/1958	GALLO
18/02/1958	7/02/1959	PERRO
8/02/1959	27/01/1960	CERDO
28/01/1960	14/02/1961	RATA
15/02/1961	4/02/1962	BUEY
5/02/1962	24/01/1963	TIGRE
25/01/1963	12/02/1964	LIEBRE

FECHA INICIO	FECHA FINAL	ANIMAL
13/02/1964	1/02/1965	DRAGÓN
2/02/1965	20/01/1966	SERPIENTE
21/01/1966	8/02/1967	CABALLO
9/02/1967	29/01/1968	OVEJA
30/01/1968	16/02/1969	MONO
17/02/1969	5/02/1970	GALLO
6/02/1970	26/01/1971	PERRO
27/01/1971	14/02/1972	CERDO
15/02/1972	2/02/1973	RATA
3/02/1973	22/01/1974	BUEY
23/01/1974	10/02/1975	TIGRE
11/02/1975	30/01/1976	LIEBRE
31/01/1976	17/02/1977	DRAGÓN
18/02/1977	6/02/1978	SERPIENTE
7/02/1978	27/01/1979	CABALLO
28/01/1979	15/02/1980	OVEJA
16/02/1980	4/02/1981	MONO
5/02/1981	24/01/1982	GALLO

FECHA INICIO	FECHA FINAL	ANIMAL
25/01/1982	12/02/1983	PERRO
13/02/1983	1/02/1984	CERDO
2/02/1984	19/02/1985	RATA
20/02/1985	8/02/1986	BUEY
9/02/1986	28/01/1987	TIGRE
29/01/1987	16/02/1988	LIEBRE
17/02/1988	5/02/1989	DRAGÓN
6/02/1989	26/01/1990	SERPIENTE
27/01/1990	14/02/1991	CABALLO
15/02/1991	3/02/1992	OVEJA
4/02/1992	22/01/1993	MONO
23/01/1993	9/02/1994	GALLO
10/02/1994	30/01/1995	PERRO
31/01/1995	18/02/1996	CERDO
19/02/1996	6/02/1997	RATA
7/02/1997	27/01/1998	BUEY
28/01/1998	15/02/1999	TIGRE
16/02/1999	4/02/2000	LIEBRE

FECHA INICIO	FECHA FINAL	ANIMAL
5/02/2000	23/01/2001	DRAGÓN
24/01/2001	11/02/2002	SERPIENTE
12/02/2002	31/01/2003	CABALLO
1/02/2003	21/01/2004	OVEJA
22/01/2004	8/02/2005	MONO
9/02/2005	28/01/2006	GALLO
29/01/2006	17/02/2007	PERRO
18/02/2007	6/02/2008	CERDO
7/02/2008	25/01/2009	RATA
26/01/2009	13/02/2010	BUEY
14/02/2010	2/02/2011	TIGRE
3/02/2011	22/01/2012	LIEBRE
23/01/2012	9/02/2013	DRAGÓN
10/02/2013	30/01/2014	SERPIENTE
31/01/2014	18/02/2015	CABALLO
19/02/2015	7/02/2016	OVEJA
8/02/2016	27/01/2017	MONO
28/01/2017	15/02/2018	GALLO

FECHA INICIO	FECHA FINAL	ANIMAL
16/02/2018	4/02/2019	PERRO
5/02/2019	24/01/2020	CERDO
25/01/2020	11/02/2021	RATA
12/02/2021	31/01/2022	BUEY
1/02/2022	21/01/2023	TIGRE
22/01/2023	9/02/2024	LIEBRE
10/02/2024	28/01/2025	DRAGÓN
29/01/2025	16/02/2026	SERPIENTE
17/02/2026	5/02/2027	CABALLO
6/02/2027	25/01/2028	OVEJA
26/01/2028	12/02/2029	MONO
13/02/2029	2/02/2030	GALLO
3/02/2030	1/22/2031	PERRO

Nueve ming gua y su esencia

Venimos con un ming gua base, que está representado por un número, y que es transmitido por nuestro año de nacimiento. De igual manera, cada número disfruta de un ming gua complementario, que le permite a la energía principal compensarse, actuando para regularnos.

Encuentra el año que te corresponde y descubre tus características:

a. Trigrama: es el nombre y significado de la base energética que le corresponde a cada ming gua.
b. Ming gua complementario: es el complemento que tiene cada ming gua y que hace parte esencial de su energía.
c. Fuerza: es la acción que cada ming gua ejerce naturalmente.
d. Descripción: las características del ming gua.
e. Cómo cada ming gua se conecta con la mágica abundancia.

Ming gua 1 o el propósito de vida

Trigrama: K'AN – El abismal.
Ming gua complementario: 9
Fuerza: atreverse.

✧ Este primer gua se puede definir como la profundidad de las cosas. Es la energía de lo espiritual, la independencia, la capacidad para estudiar, encontrar la paz, desarrollar ideas y alcanzar objetivos.

✧ Las personas con ming gua 1 tienden a mirar a un horizonte de realización, lo que representa mucho trabajo y gran inversión de esfuerzo. Para ellos, el universo es energía y transformación continua, y entienden que el ser humano no está solo en el cosmos, sino que hace parte de la naturaleza y del todo. La conciencia del entorno es evidente en las personas 1, al tener la oportunidad y capacidad de combinar su amor por la naturaleza y por los seres humanos, siendo este el lugar en donde su energía se enfoca para lograr su propósito, que, generalmente, es colectivo e incluyente.

❖ Una persona 1, al conectarse con su esencia, puede alcanzar su abundancia haciendo lo que en realidad la entusiasma y la hace feliz.

Ming gua 2 o el amor

Trigrama: K'UN – El receptivo.
Ming gua complementario: 8
Fuerza: dar.

❖ El segundo gua se puede puntualizar como la energía de lo receptivo, la energía femenina en su máxima expresión, generadora de la vida y la fecundación.

❖ Las personas 2 son altruistas, bondadosas, con propensión a nutrir a los demás desde cualquier ángulo, teniendo una acentuada tendencia a ser sacrificadas. Tanto hombres como mujeres son la madre, y su energía es útil para profundizar en todo tipo de relaciones, corriendo el riesgo de sentirse dependientes y celosos. Los hombres

2 suelen ser personas especiales que cuentan con una sensibilidad atípica para lo masculino, lo que los hace perceptivos a sucesos que no suelen ser captados por los hombres que no se hallen en este gua. Son relacionistas públicos por naturaleza y se ampararán permanentemente en relaciones amorosas.

❖ Una persona 2, al conectarse con su esencia, puede alcanzar su abundancia al desarrollar el amor por los demás, y al no limitar su don de dar de corazón.

Ming gua 3 o la responsabilidad

Trigrama: CHEN – El excitante.
Ming gua complementario: 7
Fuerza: promover.

❖ El tercer gua es una energía veloz y vertiginosa. Es potencia, fuerza y seguridad; se mantiene como una energía escondida que no se permite salir a la luz.

❖ Las personas 3 se mueven entre dos condiciones, entre la posibilidad de una vida llena de color y de luz, lo que genera nuevos deseos y ganas de vivir y de gozar, y la pérdida de la capacidad de sorpresa, como si no existiera luz, como si tuvieran miedo a dejarse llevar por la emoción y el gozo del presente. Es común que las personas 3 tengan una vida llena de compromisos, trabajos y tareas que no les permiten ver el panorama completo al estar cumpliendo con las normas, lo que aumenta las probabilidades de sentirse frustradas y tristes.

✧ Una persona 3, al conectarse con su esencia, puede alcanzar su máxima abundancia si se permite tener una vida tranquila con pocas obligaciones y una búsqueda menos estricta y racional de la felicidad.

Ming gua 4 o el gozo

Trigrama: SUN – El calmo.
Ming gua complementario: 6
Fuerza: entrar.

✧ El cuarto gua es la energía del viento sereno y suave, que sopla permanentemente con pasión y a favor, trayendo siempre grandes beneficios.

✧ La energía de las personas 4 está relacionada con la virtud del gozo de la vida, con la abundancia, la prosperidad y la capacidad de dejarse llevar sin resistencia por las situaciones y sus circunstancias, permitiéndose vivir en creatividad, imaginación y apertura mental.

✧ Debido a su naturaleza, requieren mucha fuerza y un máximo cuidado para controlar su energía móvil y cambiante. Las personas 4 tienden a ser siempre abundantes en términos financieros y muy exitosas, lo que las puede llevar a ser irritables e impacientes cuando las cosas no van bien.

❖ Una persona 4, al conectarse con su esencia, puede alcanzar su abundancia confiando en su naturaleza, procurando no aferrar el viento y solo utilizar su fuerza.

Ming gua 5 o el equilibrio y el control

Sin trigrama: ninguno y todos al mismo tiempo.
Ming gua complementario: ninguno y todos al mismo tiempo.
Fuerza: todas las acciones al mismo tiempo.

❖ El quinto gua es el de aquellas personas que tienen la capacidad de unirlo todo; son energía poderosa y, por tanto, de manera natural, generan respeto y atraen a los demás. Son el eje regulador de todos y de todo, y tienden a manejar muchas cosas a la vez. Como su posición es el centro, el gua 5 no presenta dualidad como el resto, sino que tiene varios extremos a la vez, que corresponden al resto de los ming gua que lo rodean y que se configuran como ocho fuerzas, que lo expanden y lo llevan a poder con todo, o a oprimir y controlarlo todo. Son energía en concentración y su cualidad positiva, cuando están en equilibrio, es la capacidad de lograr los objetivos propuestos con facilidad y poseer la expresión plena del amor en su corazón. Cuando las personas 5 pierden su balance suelen esconderse de la realidad y querer controlarlo todo, teniendo una fuerte tendencia al egoísmo y al egocentrismo.

✧ Una persona 5, al conectarse con su esencia, puede alcanzar su abundancia buscando balance entre las dos fuerzas que la estructuran. La gratitud le permitirá reconocer el entorno y la belleza de las cosas que lo rodean, y entender que todo está interrelacionado.

Ming gua 6 o la fuerza

Trigrama: CH'IEN - El creativo.
Ming gua complementario: 4
Fuerza: empoderar.

✧ El sexto gua se puede enunciar como la máxima expresión de potencia, poder y fuerza de voluntad en términos energéticos: son los más fuertes y radicales. Las personas 6 cuentan con una gran capacidad creadora que inspira y lidera a los demás. En términos de energía, representan al padre y protector. En los hombres esta energía parece natural, y en las mujeres hace que su energía femenina se altere y cambie de rol, al asumir voz de mando y responsabilidades dirigidas a controlar, organizar y buscar el respeto. A quienes les corresponde el gua 6 desarrollan una intuición más clara que el resto de las personas y cuentan con una madurez que les permite ganarse la confianza de los demás; inspiran respeto y eso aumenta el riesgo de ser autoritarios y arrogantes.

✧ Una persona 6, al conectarse con su esencia, puede alcanzar su abundancia ejerciendo todo su poder y su fuerza natural con bondad y compasión.

Ming gua 7 o los sueños

Trigrama: TUI - El sereno.
Ming gua complementario: 3
Fuerza: abrir.

✧ El séptimo gua es la energía de la cosecha y los frutos, de la capacidad de materializar proyectos, objetivos y sueños.

✧ Las personas 7 cuentan con una condición natural de madurez que les da la seguridad de poder alcanzar todos sus sueños, y una capacidad para explorar dentro de sí mismas, descubrir sus más profundos deseos y trabajar para hacerlos realidad. Para las personas 7 la mayoría de los objetivos se cumplen, llegan a la realización de sus proyectos de forma efectiva y, en ocasiones, esto les genera pesimismo y la sensación de perder su autoconfianza, porque esperan de un momento a otro despertar del sueño. La vida para las personas 7 es evolución constante.

✧ Una persona 7, al conectarse con su esencia, puede alcanzar su abundancia controlando el miedo a lo desconocido y confiando en que su capacidad para hacer posibles sus sueños es algo natural que le permitirá una existencia más armónica.

Ming gua 8 o el ser

Trigrama: KEN - La parada.
Ming gua complementario: 2
Fuerza: restringir.

✧ El octavo gua es la energía del desarrollo interior, la tranquilidad y la meditación.

✧ Las personas 8 tienden a buscar la elevación, anhelando la paz en una dimensión pura y perfecta, porque saben que existen dimensiones que trascienden lo material y que en este mundo racional se ignoran. Son personas atrevidas, resueltas y de ideas claras que entienden de manera natural el conocimiento de que todos somos cuerpo físico con un alma y un espíritu. Estas personas saben que hay un camino por seguir para descubrir energías más elevadas que trascienden la materia. El riesgo que asumen estas personas es volverse obsesivas con esta búsqueda de conocimiento profundo y espiritual.

✧ Una persona 8, al conectarse con su esencia, puede alcanzar su abundancia reconociendo el equilibrio entre la materia y las demás energías que la trascienden.

Ming gua 9 o la luz

Trigrama: LI - El adherente.

Ming gua complementario: 1

Fuerza: iluminar.

✧ El último gua se puede definir como el temperamento, la iluminación y la claridad.

✧ La energía de las personas 9 tiene la capacidad de expandirse desde su interior, lo que las hace apasionadas, exuberantes y sociables. Las emociones guían su vida y su mayor respaldo es la energía del Sol, que es explosiva y encantadora con máximo esplendor. Las personas 9 buscan permanentemente su libertad; sin embargo, también se mueven en una dualidad, entre la expansión y el caos. El caos se manifiesta cuando no saben controlar sus emociones y su poder. Las personas 9 marcan tendencia, son por lo general vistosas y brillantes, y nunca pasan desapercibidas por la energía particular que irradian.

✧ Una persona 9, al conectarse con su esencia, puede alcanzar su abundancia comprendiendo y enfocando de manera inteligente sus emociones.

◦✧ Esencias reveladas en dos cortas historias

El hombre que me estaba hablando manifestaba que, a lo largo de su vida, había asumido el rol de protector. Se mostraba como una persona fuerte y de mucho carácter, actuando como defensor y padre, y asumiendo la actitud de guardián, como si esa fuera su naturaleza. Al observar las características anteriores desde el método del ming gua, parecía evidente que su energía correspondía al número 6: era la fuerza, la protección, la energía masculina y la confianza. Sin embargo, al analizar el año de nacimiento de esta persona a través del mismo método, le correspondía el número 4, así que su energía debía vibrar con el gozo, la prosperidad y la abundancia. Su ming gua complementario era el 6, el de expansión.

Entonces, ¿qué había pasado? ¿Por qué tenía tan marcadas estas características aparentemente no propias? La respuesta estuvo señalada por una circunstancia impactante en su adolescencia que lo hizo pendular de forma extrema al gua 6, alejándolo de su esencia. Si bien es cierto que su año de nacimiento lo hace oscilar entre estas dos fuerzas complementarias, este ser humano gozoso se quedó de manera indefinida en el otro extremo, privándose de las cualidades y posibilidades que le ofrecía ser un número 4. En lugar de estar actuando desde su centro, toda su energía se desplazó al límite opuesto, en donde se relacionaba con la fuerza, con sentirse el protector de quienes lo rodeaban, sin permitirse disfrutar de la vida.

Para él fue una fortuna descubrir su ming gua, pues le ayudó a reconocer su verdadera esencia: el gozo. Así autorizó a su energía para ir en busca de la armonía, de generar ideas nuevas. Entendió que había nacido para disfrutar y no solo para proteger, lo que lo llevó a establecer una fuerte conexión con la prosperidad futura.

Finalmente, si complementamos con los otros cuatro permisos desarrollados en este libro la información recogida del trabajo realizado con el ming gua, podremos fortalecer nuestro ser más íntimo e interior, gozar al máximo de las características que nos son atribuidas por el universo y establecer un lazo estrecho con la prosperidad y la abundancia.

Cuando ya no necesitemos sufrir **para sostener nuestra vida,** el origen del dolor desaparece.

En otra de mis asesorías entró una mujer elegante, contundente y con cierto aire de poder. Le expliqué desde qué filosofías haríamos la asesoría, que nos permitirían descubrir cuál era su esencia natural. A la pregunta de cuál creía ella era esa condición esencial, con seguridad respondió: "soy energía masculina". Y al analizar su fecha de nacimiento a través del ming gua, el resultado fue diferente al que ella expresaba con contundencia: su gua de nacimiento era energía femenina. Su ming gua base correspondía al número 2, y su poder lo recibía de su gracia femenina, su creatividad, su sensibilidad y su facilidad para congregar. Esta mujer poderosa no era energía masculina, como lo había supuesto a lo largo de su vida. Es probable que el motivo que la llevó a sentirlo así fue el hecho de asumir responsabilidades que consideró propias, y se las adjudicó sin estar en armonía con su ser. El descubrimiento de su poder femenino le permitió cambiar su perspectiva gracias a la información recibida a través de su año de nacimiento, y así se propuso escuchar a su energía femenina con el corazón. A propósito, su relación de pareja mejoró sustancialmente y empezó a disfrutar con más libertad su sexualidad.

Muchas veces no
nos comprometemos
con nuestro
ser esencial
porque no estamos
dispuestos a dejar
lo que nos impide
comprometernos:
un hábito, una creencia,
una obligación.

PERMISO TRES
TU NÚMERO O NUMEROLOGÍA
DE TUS NOMBRES

*Un viaje de mil leguas empieza
en el lugar donde están tus pies.*
Lao Tse

Dimensión	Suerte del cielo
Campo	La faceta celestial y la voluntad humana
Conocimiento	La numerología
Componentes	Las letras y los números (1-9)
Señal	Reconocer la energía que a través de tu nombre te conduce por la vida

Los números se manifiestan permanentemente en nuestra vida, y desde pequeños estamos relacionados con estos. Cuando naces te dan un número de registro de nacimiento, la calle en donde vives tiene un número, tu puesto en la fila es un número, te asombras porque siempre ves el mismo número, te molestas si el número de la fila de tu silla en el avión no es el que esperabas, cuando haces una invitación a tu casa cuentas el número de invitados que vas a tener... en fin, no terminaría de dar ejemplos sobre lo presentes que están los números en nuestra vida. Es posible que no sepas que, en cada momento, todos los días, hasta el fin de tus tiempos en esta dimensión, vas a "cargar" literalmente con un número que tal vez no sabes que tienes, que es un código energético y será una especie de vehículo que te llevará por la vida. Este es el número que llevan los nombres que te acompañan desde que naciste, o mejor, cuando tus padres o tutores decidieron ponértelo, ¡icielos! Siento decirlo, pero fueron ellos, en ese momento, los que decidieron por ti y marcaron un camino, y con qué medio contarás para recorrerlo.

La buena noticia es que ahora, a través de este tercer permiso, podrás entender, interpretar e incluso cambiar la información que llevas según el número que te da tu nombre, enfocar tu energía, decidir qué quieres y volver tus deseos realidad.

Los números tienen un poder maravilloso y mágico. Vibran con una frecuencia poderosa, que transmite una energía que podemos poner a nuestro favor y enfocarla según nuestros objetivos. En el lugar donde se encuentren ellos estarán haciendo su tarea, por lo general en silencio, en calma, con bajo perfil y siempre fluyendo; son formas que liberan una "línea de movimiento", es decir, una línea de energía que fluye por su misma forma. Esta es su naturaleza, y nosotros podemos elevar aún más su onda vibracional por medio de nuestra consciencia, constancia e intención.

Los antecedentes del origen de los números naturales —los que conocemos normalmente y que sirven para contar cualquier cosa— se remontan a muchos años atrás. Surgieron en comunidades que vivían de forma sencilla, que los usaban para contar elementos de un conjunto definido. Mucho tiempo después vinieron los números enteros —los que no tienen parte fraccionaria ni decimal, que incluyen el cero—, que respondieron a las necesidades del comercio de

136 Permiso tres - Tu número o numerología de tus nombres

ese momento, y luego aparecieron los números complejos. Los números siguieron evolucionando, y las personas que los usaban también. Empezaron entonces a tener un propósito diferente: la mesa tiene cuatro apoyos y eso le da seguridad; dos personas pueden empujar algo, pero les vendría bien una tercera ayuda; no quiero estar, solo disfruto estar con alguien y dos se pueden divertir más, y así, los números se volvieron más humanos. En cuanto a las circunstancias que hicieron que los números empezaran a tener un concepto más de vibración energética, se les atribuyen en principio a los celtas, que típicamente se reconocen por su especial inspiración espiritual. La tradición e información de la numerología se transmitió en este pueblo a través de un linaje secreto, y en el solsticio de invierno, evento mágico para ellos, los números eran parte de sus rituales para clarificar y limpiar el alma y prepararse para lo que traía el nuevo año. También los gitanos entran en esta historia, pues después de la represión y violencia que vivieron en Europa en el siglo XV, protegieron la información de la numerología que se había prohibido y que las matemáticas habían desplazado.

Pitágoras de Samos fue el padre conceptual de los números; contribuyó al avance de la matemática, la geometría y la aritmética, y conoció los dos lados de los números: las matemáticas y la numerología. Al ser filósofo y matemático se permitió ver los números como fuerzas vivas. Fundó la hermandad de los pitagóricos, que era en esencia una escuela de misterios donde sus discípulos desarrollaban las enseñanzas antiguas que él había aprendido en Egipto y Babilonia; allí acudieron filósofos y pensadores que querían entrar en contacto con ciencias como las matemáticas y la geometría, pero también para iniciarse en una sabiduría esotérica traída por Pitágoras del antiguo Egipto. La base de la enseñanza de Pitágoras era que todo, en el fondo, era aritmética, y que las matemáticas y la vibración interna de los números eran la esencia de toda la materia. Su trabajo buscaba encontrar la naturaleza de los números y cómo esta se relacionaba con todo lo creado, desde la más simple forma hasta las estrellas del cielo. Según estos principios, planteó su idea de los números y su influencia en la vida humana; desarrolló técnicas para la formulación del primer mapa de numerología, vinculó las expresiones humanas a los números y estableció los mecanismos para desarrollar un plan y entender el influjo que tendrían estos en las personas a lo largo de sus vidas.

La numerología

La numerología es una técnica muy efectiva para reconocer una parte de nuestra personalidad, que busca analizar la vibración de la fecha de nacimiento y la vibración del nombre. Este tercer permiso se centrará en el significado de tu nombre, pues este representa tu personalidad y es el vehículo para recorrer el camino de tu vida.

¿Y de dónde sale tu nombre? Este suele volverse algo de todos los días que nunca nos preguntamos de forma clara, lo que nos aleja de la posibilidad de entender que el nombre juega un papel importante en nuestra vida; sobre todo porque depende en principio de la decisión que tomen nuestros padres o tutores, pues al nacer recibes a través de ellos los apellidos que, como un código de barras, se suman al nombre que tus padres deciden ponerte.

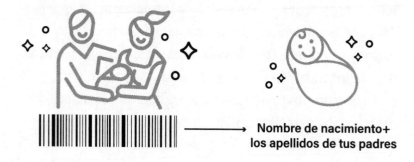

Nombre de nacimiento+ los apellidos de tus padres

Ese nombre, más los apellidos de tus padres, son la base de la que partes en tu camino por la vida; y como el objetivo natural de nuestro ser en el momento de nacer es virtuoso, nos adentramos en una noble búsqueda de alcanzar la "iluminación", al menos como objetivo inicial de vida. Esto, metafóricamente, deberá entenderse como tu evolución y tu progreso durante tu existencia, y es allí donde tu nombre, al manifestarse en un número, tendrá la frecuencia primordial de servir de estímulo para avanzar en el recorrido. Ese número que resulta de tu nombre inicial lo llamaremos tu número base.

A lo largo del camino podemos ir variando nuestro nombre original, porque el nombre es dinámico y, a pesar de que

su fuerza interna continúa, muchas veces las personas no sienten que su nombre los identifique, y en algún momento de su vida podrán decidir cambiarlo; a este número lo llamaremos número de camino.

Un niño dado en adopción recibirá un nombre por parte de la madre biológica, y es probable que los nuevos padres le den uno diferente. ¿Cuántas veces, por tradición familiar, un niño recibe el nombre de una persona de la familia, ya sea para honrar a un abuelo o para continuar con una costumbre? Y, para darle al niño su propia identidad y evitar confusiones, lo empiezan a llamar con un apodo. También se acortan los nombres y se convierten en otro muy distinto: Francisco-Pacho, María Antonia-Manto, Juan Esteban-Juanes. Estos cambios de nombres espontáneos tienen un impacto energético, y la mayoría de las veces no lo sabemos.

Piensa en lo siguiente: de pequeños, por afecto, nos llamaban por nombres dulces, tiernos, en lugar de usar nuestro verdadero nombre. Algunas teorías dicen que la infancia hasta los siete años marca la vida de los adultos. Piensa en cómo te decían cuando eras pequeño.

También, en algunos casos, cuando una mujer se casa toma el apellido del esposo, ¡aunque ya cada vez menos! Algo así le paso a mi mamá; lo hizo y paso de ser un 8, el número base de su nombre, a un 9, número de camino, al llevar el apellido de mi papá. La frecuencia de su número base 8 vibraba en El exitoso, y al pasar al 9 se movió a El filósofo; esto la llevó a enfocarse en el servicio a los demás, y así ha sido su vida siempre. La frecuencia de su número base le sirvió para tener la fuerza y las posibilidades de ir a la acción y así llevar a cabo el propósito de ayudar que le había dado su número de camino, y sin duda ella ha sido feliz haciéndolo.

Una anécdota personal: mi papá ya no está con nosotros, y un tiempo después de su partida, le propuse a Inés, mi mamá, que volviera a su nombre original. En una tertulia larga le conté, como vendiéndole algo, los "beneficios" de vibrar en 8, y ella, en su sabiduría simple y mirándome con cara de... ¿de qué hablas, hija?, me explicó por qué seguiría siendo Inés de Becerra hasta irse de esta dimensión. Me dijo: primero, sé con qué nací, y eso lo he sabido aprovechar; me ha ayudado en grandes momentos y sostenido en los difíciles; segundo, me casé feliz con tu papá, y el tener su apellido me gustaba, no por ser "de Becerra", sino porque me complementaba, pues él era un hombre de corazón bueno y con carácter, y eso me gustó siempre; tercero, si el haber cambiado mi nombre me ha permitido ayudar a muchas personas, ¡bienvenido este nombre!; cuarto, y lo más contundente... ¡cómo se te ocurre que me voy a quitar el Becerra, qué diría tu papá! Ante eso solo me restó decirle: ¡Te honro, mami!

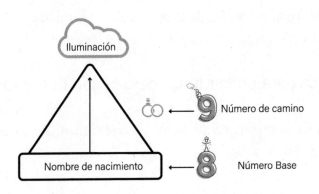

Hay muchos momentos en los que podemos cambiar de nombre, y esto se vuelve parte de la evolución natural de la vida de una persona; y es allí donde entender este tercer permiso puede hacer la diferencia, pues al cambiar tu nombre puedes cambiar también la dirección que traía tu vida, ¡es así de contundente! Así como por circunstancias de la vida nuestro nombre cambia espontáneamente, también tenemos la opción de cambiarlo por decisión propia, y este es el poder que nos trae este tercer permiso: la posibilidad de movilizar nuestra plataforma potenciada X para lograr nuestra mágica abundancia.

Sobre este tercer permiso tenemos todo el control; el asunto está en si quieres asumir el riesgo de un cambio en tu nombre. ¡No de "cambio de nombre"! Aunque, igual, esto jamás te haría perder tu esencia. El hecho de *intentar*, cuando hay un conocimiento que te ha movilizado —entendido como no quedarse quieto cuando sientes que el corazón te habla—, es una herramienta que nos permite ir a la acción de manera objetiva, y "reconsiderar" algo, como en este caso ajustar tu nombre, nos da la opción de un cambio que busca algo bueno para nosotros, ¡esto es emocionante!

Pasos para definir tu número según tu nombre

La tabla *Valores numéricos de las letras* será tu guía para determinarlos.

1. Encuentra el número que te corresponde, siguiendo el ejemplo de "Juan Pablo".
2. Busca el número que te pertenece y descubre sus características.

Valores numéricos de las letras

1	2	3	4	5	6	7	8	9
a	b	c	d	e	f	g	h	i
j	k	l	m	n	o	p	q	r
s	t	u	v	w	x	y	z	

"JUAN PABLO":

J	U	A	N	P	A	B	L	O
1	3	1	5	7	1	2	3	6

La suma total es: 29

2 + 9 = 11

1+1 = 2 - El amigo

❖ Encuentra el número de tu nombre

Se debe analizar primero el nombre de nacimiento, es decir, todos los nombres que tienes y los dos apellidos; estos nombres te darán tu número base. En caso de que hayas sido dado en adopción, o que tengas apellidos adoptados de otras personas o familiares y no sepas los apellidos de tus padres biológicos, el número resultante será un número de camino. Si este es tu caso y quieres saber tu número base, deberás conocer con exactitud tus primeros nombres y apellidos. También puedes analizar los nombres que utilizas de forma cotidiana, sobrenombres o apodos; el número resultante será también un número de camino y tendrás tantos como nombres uses a diario; habrá unos que primarán sobre otros, de acuerdo con la frecuencia e importancia con que los uses, y esto a su vez marca tu energía.

A cada letra de tus nombres y apellidos se les asigna el número correspondiente; búscalos en la tabla *Valores numéricos de las letras*, luego suma todos los números y reduce la suma total a una sola cifra. Así tendremos el número correspondiente a tu nombre completo (nombres y apellidos), el número en que tu nombre vibra, que definirá los rasgos de tu personalidad desde la numerología.

Este número puedes encontrarlo también en la app Be Feng Shui Contigo.

Tu nombre aquí

Nombres _ _ _ _ _ _ _ _ _ _ _ _ _ _ _ _ _

Números _ _ _ _ _ _ _ _ _ _ _ _ _ _ _ = _____

Apellidos _ _ _ _ _ _ _ _ _ _ _ _ _ _ _ _

Números _ _ _ _ _ _ _ _ _ _ _ _ _ _ _ = _____

Número final nombres y apellidos = _____

❖ Nueve números

Cada número representa una cualidad única, que vibra con un poder energético inmenso e ilimitado, y que en su generosidad vibracional se muestra como una guía cargada de señales e indicadores. El objetivo de este tercer permiso, además de definir cuál es la vibración que tu nombre transmite y que a la vez te moviliza, es usar las vibraciones numéricas en todo cuanto realices; es así como se convierten en comunicadores que nos dan mensajes cifrados en cualquier actividad que realicemos, porque los números no solo nos hablan a través de nuestros nombres, sino también a través del nombre de los demás, de nuestros proyectos, del nombre de empresas, de textos que recibamos. En realidad, lo hacen a través de todo lo que esté conformado por letras.

Número 1 - El líder

Lo positivo: liderazgo, ambición, mando, inteligencia, brillante, recursos mentales, creatividad e imaginación.

Lo crítico: dictatorial, dominante, vibra en frialdad mental y orgullo excesivo.

Elementos emocionales para integrar este número: caminar, el movimiento rápido le reafirma que puede valerse por sí mismo.

Personalidad del número: la individualidad.

Enfoque de vida: su nombre vibra en esta frecuencia para decidir ser el número uno en lo que se proponga, el poder está en él.

Frase para reafirmar su esencia: "Soy un 1 - El líder. Tengo la capacidad de elegir. Somos líderes por naturaleza, pioneros e iniciadores de nuevas acciones".

Número 2 - El amigo

Lo positivo: diplomacia, cooperación, facilidad para trabajar en equipo, consideración por los otros, bondad, comprensión.

Lo crítico: inseguridad, excesivamente emocional y susceptible.

Elementos emocionales para integrar este número: conversar con alguien que le llame la atención.

Personalidad del número: el amable.

Enfoque de vida: su nombre vibra en esta frecuencia para desarrollar la habilidad de estar profundamente comprometido en una alianza con los otros y lograr el resultado deseado.

Frase para reafirmar su esencia: "Soy un 2 - El amigo. Me gusta entender a los demás y las cosas armoniosas me inspiran y me hacen vibrar en amor".

Número 3 - El comunicador

Lo positivo: el carisma y la versatilidad, la facilidad de comunicación.

Lo crítico: frivolidad, inconstancia, irresponsabilidad.

Personalidad del número: el optimista.

Elementos emocionales para integrar este número: cantar, decir un poema en voz alta para expresar sus sentimientos y conectarse con los demás.

Enfoque de vida: su nombre vibra en esta frecuencia para dar contención, apoyo personal e invitar a los demás a disfrutar el placer de vivir y gozarse la vida.

Frase para reafirmar su esencia: "Soy un 3 - El comunicador. Sé que mi expresión verbal me abre puertas, mi mente despierta y ágil busca estar en creación permanente".

Número 4 - El constructor

Lo positivo: es organizado, disciplinado, prudente y trabajador.

Lo crítico: la dureza, la rigidez; poco se arriesgan y se hacen lentos al actuar.

Elementos emocionales para integrar este número: observa grandes árboles para así reconocer la estabilidad de las cosas que le rodean.

Personalidad del número: el determinante.

Enfoque de vida: su nombre vibra en esta frecuencia para enfocarse en lo verdaderamente importante, su sentido común lo hará cumplir su propósito de vida.

Frase para reafirmar su esencia: "Soy un 4 - El constructor. Soy de mente ordenada, dispuesto a afrontar grandes desafíos, trabajador y firme al actuar".

Número 5 – El espíritu libre

Lo positivo: es brillante, creativo, espontáneo y con espíritu aventurero, en busca de libertad y cambio.

Lo crítico: impulsivo, impaciente, y eso lo hace nervioso e inestable.

Elementos emocionales para integrar este número: ir a una agencia de viajes y pedir información sobre el viaje de sus sueños.

Personalidad del número: el aventurero.

Enfoque de vida: su nombre vibra en esta frecuencia para adaptarse a las circunstancias, vivir en libertad y sacarles el mayor provecho a todas las experiencias.

Frase para reafirmar su esencia: "Soy un 5 - El espíritu libre. Me caracterizan el deseo de libertad, los conceptos de avanzada, la gran percepción y el vivir plenamente".

Número 6 - El responsable

Lo positivo: es generoso, objetivo, humano, abnegado, serio y confiable.

Lo crítico: obsesivo y a veces indolente. Les rehúye a situaciones difíciles.

Elementos emocionales para integrar este número: ayudar a quien lo necesita.

Personalidad del número: el generoso.

Enfoque de vida: su nombre vibra en esta frecuencia para disfrutar de la familia con amor, cuidar de los suyos y así sentirse útil y querido.

Frase para reafirmar su esencia: "Soy un 6 - El responsable. Me caracterizan la serenidad y el equilibrio, y me mueve el corazón".

Número 7 - El perfeccionista

Lo positivo: tiene profundidad espiritual y mental. Intuitivo, selectivo y exquisito.

Lo crítico: tienden al aislamiento y a la soledad, a veces son sombríos.

Elementos emocionales para integrar este número: hacer propias las frases de grandes pensadores y humanistas.

Personalidad del número: el intelectual.

Enfoque de vida: su nombre vibra en esta frecuencia para descubrir el camino del sabio solitario. Su búsqueda es superior, lo que aumentará su conocimiento e intuición.

Frase para reafirmar su esencia: "Soy un 7 - El perfeccionista, ¡un número mágico! Somos observadores, espirituales y místicos, que buscamos la armonía en todo sentido".

Número 8 - El exitoso

Lo positivo: es un triunfador natural, con poder superior para que todo fluya en su vida: la abundancia, y especialmente el dinero.

Lo crítico: tiene tendencia a la ambición descontrolada y a una exagerada insatisfacción.

Elementos emocionales para integrar este número: trabajar en algo que le guste de verdad.

Personalidad del número: el afortunado.

Enfoque de vida: su nombre vibra en esta frecuencia para avanzar en todo sentido, sobre todo en los negocios y las finanzas. Su poder y habilidades le darán prestigio.

Frase para reafirmar su esencia: "Soy un 8 - El exitoso, ¡el mejor número de todos! Me caracterizan el éxito, el poder y un espíritu de triunfo extraordinario".

Número 9 - El filósofo

Lo positivo: es generoso y altruista, clarividente y perceptivo, con una gran vocación de servicio humanitario.

Lo crítico: tiene tendencia a ser dramático y a querer controlarlo todo.

Elementos emocionales para integrar este número: hacer parte de una fundación, no liderando, sino sirviendo.

Personalidad del número: el humanitario.

Enfoque de vida: está aquí para aprender a servir a los demás con el espíritu más humanitario. No debe exceder la consideración de sí mismo, pues siempre estará en conexión con el eterno flujo de vida. Simplemente, tiene que ofrecérselo a los demás.

Frase para reafirmar su esencia: "Soy un 9 - El filósofo. Soy noble, compasivo y generoso, tengo un don especial para lo extrasensorial y busco el bien común".

Números protagonistas en la mágica abundancia

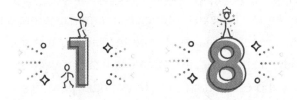

En la tabla de contenido del libro, al final de cada título, hay un numero entre paréntesis, ¿los viste? Bueno, esos números te muestran la energía en la que vibra desde la numerología de los nombres cada uno de ellos; es una forma de medir la frecuencia y el poder de cada tema del libro, y esto fue planteado así desde la intención, pues mi objetivo es que cada uno perciba a través de estos números la energía poderosa que comunican esos nombres y su contenido. Esto genera a su alrededor un brillo que nos motiva a conectarnos y a aplicar toda esta información en nuestra vida para sacarle el mayor provecho.

Hay dos números que tienen una vibración especial y son de gran poder energético: el 1 - El líder y el 8 - El exitoso. No quiere decir que los demás números no la tengan, pues cada uno tiene su propia energía y vibración. Sin embargo, el 1 y el 8 se mueven en frecuencias más elevadas, lo que los hace superiores y únicos. Quien lleve uno de estos como su número base cuenta con recursos y herramientas adicionales muy poderosas para transitar por la vida. Recuerda: tu nombre es tu vehículo.

El número 1 es la *unidad*, el principio del todo. Esta vibración contempla que no hay separación de ningún tipo y que todo lo que existe en el universo hace parte del todo; por lo tanto, al ser todos y todo parte de la unidad, damos y recibimos toda la energía y luz existentes en ese campo de vibración. El número 1 se relaciona con la energía yang, con la seguridad y el poder de ir a la acción y materializar proyectos.

El número ocho es el *infinito*, y este es poder porque su frecuencia nos muestra que no hay límites en el universo. Significa también el movimiento continuo de las cosas, la evolución permanente y la transformación constante de la energía. En la cultura oriental, el símbolo del infinito se equipara con el nudo místico que, a su vez, representa uno de los ocho tesoros del Buda. El número ocho es energía yin, es intuición, representa el éxito material y el logro de grandes triunfos.

Con esta información, regresa al contenido y descubre la información cifrada que cada uno de los capítulos de este libro nos ofrece a través de sus nombres; así empezarás a conectarte intuitivamente con su energía.

El sólido y lento cuatro

Dentro de la numerología de los nombres, el cuatro también es protagonista, junto con el uno y el ocho. Es un número con una característica energética especial que representa la solidez, la resistencia y fuerza física; se relaciona físicamente con estructuras que se apoyan en cuatro columnas o pilares, capaces de soportar grandes pesos. Estas características, que manifiestan estabilidad, hacen que el número cuatro sea firme y sólido, lo que limita su capacidad de movimiento y lo vuelve lento y pausado.

Así pues, todo lo que lleve un nombre, persona, marca, empresa o proyecto y que esté vibrando en la frecuencia del cuatro, sin duda alcanzará su propósito, pero necesitará más tiempo para tomar decisiones, ir a la acción, lograr los objetivos y ver resultados; se exigirá más y buscará construir bases sólidas para garantizar estabilidad y seguridad. Estas características son muy importantes, pero deben ser consideradas frente a los otros permisos con los que cuentas, para saber si sumarán a tu energía o si, por el contrario, te restarán capacidad de acción.

Este tercer permiso te puede ayudar a interpretar los números en los que vibran los nombres que se manifiestan en tu vida de manera especial; no solo tu nombre personal, sino todos en general. Ahora que descubriste el significado de cada uno de los números y conoces los tres que tienen un papel especial, te invito a que recibas a través de ellos mensajes cifrados, que pueden ser guías permanentes y reveladoras.

¿Y si asumes el riesgo a través de tu nombre?

Podemos, a través de la numerología de los nombres, asumir riesgos y experimentar con nuestro nombre de nacimiento para generar cambios en nuestra vida y permitirnos vibrar en otra frecuencia, llevando el número de nuestro nombre inicial a otro de los nueve establecidos en este tercer permiso, con el que te identifiques y con el que desees vibrar. Los nombres, y todo cuanto se pueda tratar a través de las letras —que es en realidad casi todo—, cumplen la misión de movilizar nuestra energía. Entonces, para hacer el cambio, tendríamos que adicionar letras que compensen el nombre y lo dirijan a lo que buscamos.

Tomaremos de nuevo de ejemplo a "Juan Pablo", que en el análisis anterior nos dio el 2 – El amigo.

Para llevar a Juan Pablo a la vibración de El líder, que es el número 1, debo añadirle a su nombre una letra que tenga el número que sumado al 2 nos dé 10; después, al llevarlo a un solo dígito, dará como resultado 1. Esas letras serán H, Q, Z, que tienen como número el 8. Para hacer el ejercicio, escogeremos la letra Q:

J	U	A	N	P	A	B	L	O	+Q
1	3	1	5	7	1	2	3	6	+8 = 37

$3+7 = 10$

$1+0 = 1$

En el caso de querer llevar a Juan Pablo a la vibración de El exitoso, que es el número 8, debo añadirle a su nombre una letra que tenga el número que sumado al 2 nos dé 8. En este caso serían las letras F, O, X, que corresponden al número 6. Para hacer el ejercicio escogeremos la letra O:

J	U	A	N	P	A	B	L	O	+O
1	3	1	5	7	1	2	3	6	+6 = 35

$3+5 = 8$

Este ajuste a tu nombre de nacimiento, buscando vibrar en este caso en 1 u 8, lo puedes hacer así:

1. Adicionar letras individuales o juego de letras como en el ejemplo.

2. Con nombres diferentes a los que utilices habitualmente.
3. Adicionar sobrenombres, otros nombres y/u otros apellidos.
4. Es importante que te sientas cómodo e identificado con el cambio.
5. Tu nombre te ofrece la posibilidad de asumir un riesgo que vale la pena tomar.

Juan Pablo O

Te pregunto,
¿ya revisaste cómo te
decían de pequeño?
¿En qué frecuencia
te hacía vibrar ese
nombre?

TU DIMENSIÓN FÍSICA

PERMISO CUATRO
TU ESPACIO O LA MAGIA
DEL FENG SHUI

Hacemos una vasija de un pedazo de arcilla;
y es el espacio vacío en el interior
de la vasija lo que la hace útil.
Hacemos puertas y ventanas para una estancia;
y son esos espacios vacíos los que hacen la estancia habitable.
Así, mientras que lo tangible posee cualidades,
es lo intangible lo que lo hace útil.
Lao Tse

Dimensión	Suerte de la tierra
Campo	La dimensión física
Conocimiento	El feng shui
Componentes	Los sentidos y la intuición, el yin y el yang y los espacios de una casa
Señal	Reconocer la energía de los espacios que ocupas

El feng shui es una forma de entender los espacios desde una dimensión diferente. Desde una visión más romántica, es una disciplina que nos muestra las fuerzas mágicas de la naturaleza, y también se puede ver como una forma de agudizar nuestra "intuición natural" por medio de la energía, que se manifiesta tangible en nuestros espacios y en lo que hay en ellos. Es una mezcla estratégica de intuición y sentido común que nos permite observar desde otra dimensión la energía que nos rodea y que, finalmente, nos impacta. Este conocimiento es de amplio espectro, por lo que se puede abordar de una forma simple e intuitiva, hasta la más ortodoxa de complejas técnicas del feng shui. Aquí, en este cuarto permiso, intentaremos aproximarnos al feng shui desde la intuición, la percepción, el sentido común y, sobre todo, el alma.

La mejor forma de comprender lo que el feng shui significa hoy por hoy, el impacto que ha tenido en muchos lugares fuera de su geografía, y entender su alcance es hacerlo a través de grandes edificios que han sido diseñados teniendo en cuenta esta disciplina. Una gran parte de ellos se encuentran, por obvias razones culturales, en Hong Kong; además, la gran mayoría de los maestros de feng shui emigraron allí cuando se instituyó la China comunista.

Uno de los edificios más significativos es la torre Taipéi 101, en Taiwán, que fue hasta hace algunos años uno de los más altos del mundo. El diseño del Taipéi 101 se inspira en la cultura china; su forma es de pagoda y representa las flores de bambú; y el número ocho, que significa flor o éxito, hace parte de la estructura en las ocho divisiones trazadas en el contorno de este. Otro de los edificios alrededor del cual se han generado muchos mitos es la torre del Banco de China, en Hong Kong, diseñada por el arquitecto norteamericano de origen chino I. M. Pei, que se inspiró en la planta de bambú y sus anillos, símbolo de esperanza y revitalización. Sin embargo, en términos de feng shui es considerado un "edificio ofensivo" por sus aristas, que miran de frente a los edificios vecinos; entonces las administraciones de estos tomaron posición, y la respuesta más famosa es la de su competidor directo, el Hong Kong & Shanghai Bank, diseñado por Norman Foster bajo las reglas del feng shui, que, por solicitud de su cliente, y para protegerse del "edificio ofensivo", rediseñó la azotea para ubicar dos cañones que miran de frente al "atacante".

En Occidente, uno de los ejemplos más significativos es la torre Trump International Hotel en Nueva York, en Columbus Circle. El edificio fue construido en 1969 y remodelado entre 1995 y 1997, siendo Philip Johnson uno de los diseñadores a cargo del trabajo. Paralelamente a la renovación se hizo un estudio del edificio con un maestro en feng shui, y una de sus sugerencias más importantes, que al final resultó ser un ícono urbano, fue ubicar el globo en frente del edificio para controlar y desviar la energía que se genera por el intenso movimiento de la famosa rotonda. Se puede decir entonces que el feng shui ha traspasado fronteras, y esto responde a que es una disciplina que hace parte de una filosofía milenaria de gran contenido espiritual y filosófico, resultado de miles de años de observación y análisis, y que estructura gran parte de la cultura de China y una parte de Oriente.

La historia del feng shui tiene sus orígenes en China, desde hace aproximadamente tres mil años, y se empezó a conocer en Occidente hace un siglo. Su base filosófica se centra en el *tao*, que significa "camino" en su traducción más simple, y también "el fluir de la corriente", "el fluir, la deriva o el proceso de la naturaleza"; visto por los grandes estudiosos del tema, no es un concepto ni una idea, y en la naturaleza se manifiesta de manera clara. El tao está en las montañas, los ríos, los bosques; en el aire y el agua, que no pueden ser cortados ni atrapados, y su fluir cesa cuando intentan contenerlos, ¡es como querer atrapar al viento! Es la relación entre el hombre y la naturaleza, *fluir*. Estamos rodeados siempre de energía que fluye. Todo lo que nos rodea está conectado entre sí, el paisaje urbano y natural que nos comprende, nuestra casa que nos protege y sus espacios que nos contienen; todos nos conectamos a través de esta energía.

Muchas personas se preguntan qué es el feng shui. Algunos lo hacen por curiosidad, otros por ver un salvavidas, otros por cultura general, otros por conexión, y otros por ser detractores del tema. De esta última motivación sí que tengo anécdotas, y tengo muy presente una que me impactó mucho.

Estando un día en el aeropuerto me encontré con una compañera de propósito común, cuando rabajábamos en la conservación y protección de mi ciudad natal, Cali; hacíamos parte de un grupo de gremios que se habían unido con el objetivo de cuidar la ciudad, ella de uno y yo de otro, y ese objetivo común nos unía de forma especial, nos hacía trabajar en conexión y en coherencia, algo que yo valoraba mucho. Hacía mucho tiempo que no la veía, y el encuentro me emocionó; después del saludo eufórico, los abrazos, las flores mutuas, las palabras de "nos tenemos que tomar unos vinos al regreso", en fin, me preguntó a qué me dedicaba en ese momento. Y yo, feliz, con mi entusiasmo mono en su máxima expresión (permiso uno), le conté que tenía una oficina de diseño y que diseñaba considerando los principios del feng shui, que, además de estar moviéndose muy bien, me hacía muy feliz. Al parecer, el término feng shui desencadenó en ella una serie de movimientos, creo yo inconscientes, que me prepararon para lo que venía. Ante esto, pensé: ¡Atenta a tu reacción y mantén la calma! Y empezó ella con un discurso con tono salvador, acompañado de versículos, antífonas, invitaciones a tener un cambio en mi vida... mi energía mono se fue apagando y el frenesí inicial voló a la estratósfera; en tono regañado, y en nombre de nuestro trabajo de tiempo atrás, solo atiné a decir: "Me alegró verte, y considera el tema del feng shui solo como cultura general. Los chinos nos llevan bastante más tiempo de camino y su filosofía es maravillosa; su arte es esplendoroso y el feng shui hace parte de sus tradiciones milenarias". Al escuchar de nuevo el término feng shui, otra vez aparecieron sus movimientos que concluí eran reactivos, y la despedida fue floja y lánguida; yo quedé como león con melena mojada, o como mono regañado (por aquello del permiso uno), y los vinos nunca nos los tomamos. De verdad esta no ha sido la única experiencia así, ¡he tenido muchas más! Pero, eso sí, cada vez menos, porque en estos días es más común oír del tema y el interés es cada vez mayor.

El feng shui no se trata de un tema religioso; es más bien un tema filosófico que, a su vez, hace parte de la milenaria estructura filosófica de la cultura china que atiende varios tópicos: lo físico, tratado por el tai chi / chi kung; el tiempo, por el calendario lunar chino o tong shu; el ser, por el horóscopo chino o bazi, y los cuatro pilares, la salud a través de la medicina tradicional china y la acupuntura, la adivinación con *I Ching*, y el espacio con el feng shui.

Entonces, en conclusión, ¿qué es el feng shui? Existen muchísimas definiciones, y creo que aún más interpretaciones: es el arte chino de la ubicación, que busca armonizar la energía de la tierra y el cosmos con la energía de cada persona; es el arte de reorganizar el entorno para mejorar la calidad de vida; es la disciplina que enseña a disponer el espacio para traer salud, felicidad y buena fortuna a nuestra vida, a través de la óptima y estratégica ubicación de los espacios, muebles y objetos. Son tantas definiciones que, al final, el feng shui es todas ellas, y si vemos el significado literal de su nombre, sería *feng*: viento, y *shui*: agua.

Las aves no vuelan,
las lleva el viento;
los peces no nadan,
los lleva el agua.
La energía se esparce con el viento
y se recoge con el agua.
Que fluyas con la vida
y que te contenga tu morada.

En mi ejercicio de todos estos años, recogiendo cada una de estas definiciones y otras más, y sumándolas a la experiencia de mi oficio, mi propia definición de feng shui sería: *la forma de intervenir con intención la energía de un espacio.*

Esta definición me gusta porque nos manifiesta que la decisión está en nosotros y que va de la mano de nuestro sentido común y nuestra intuición, en sinergia con los principios milenarios del feng shui que los chinos, desde su propia consciencia interior, hicieron evolucionar. Su conocimiento de la naturaleza y sus componentes ha logrado mantenerse a través del tiempo, preservando un espíritu de reverencia sagrada por los poderes divinos de la naturaleza y la energía que los mueve. Esta información es reveladora, porque pone la magia de la naturaleza, a través del feng shui, a nuestra disposición, así como la posibilidad de llevar a nuestro favor los espacios que nos rodean. Es por esto por lo que tu espacio es uno de tus cinco permisos.

En feng shui el principio fundamental es *la energía* que todo lo mueve. Para los chinos, la definición filosófica de la energía es "aliento de vida", "el viento de la naturaleza"; en su propia lengua, *Chi*, para los japoneses *Ki*, es la misma que mueve las cosas, la energía que nutre y sostiene todo lo que nos rodea, la respiración que circula por el cuerpo, los nutrientes que traen los alimentos, el agua que nos da vida, lo que se siente cuando un espacio es más agradable que otro, lo que nos mueve a preferir un color más que otro. Lo interesante es que el poder de percibir y conectarnos con esa energía que nos rodea y alimenta lo hemos tenido desde siempre, solo que ahora ese concepto intangible se puede explicar desde la perspectiva del feng shui y se vuelve más real, a nuestro favor. Y se vuelve tangible la energía cuando la podemos conducir en un espacio a través de elementos como el agua, la madera, el fuego, la tierra y el metal, los colores, los objetos, el mobiliario, las orientaciones geográficas y las distribuciones bien pensadas de nuestros espacios, que además de ser elementos comunes de nuestra vida son componentes sustanciales de la teoría del feng shui, y desde esa óptica vibran y se mueven con una energía especial, trayendo equilibrio o desequilibrio a nuestros espacios y a nuestra vida.

Vibración es la amplitud
o intensidad de la energía;
frecuencia es la velocidad
a la que la energía vibra.

⊶ Formas de entender la energía de tus espacios

El feng shui es una disciplina compleja, que hace parte de la antigua geomancia china. Está repleta de mitos, y distintas y variadas escuelas, a lo largo de miles de años, han hecho que haya muchos modos y metodologías para aplicarlo: la escuela de las formas, la de la brújula, la de las ocho mansiones, la de las estrellas volantes, la de las ocho direcciones, y de ahí surgen una y mil combinaciones que hacen que el ejercicio se mueva muchas veces entre la defensa y censura de una y otra escuela. Estas escuelas no serán el tema de este cuarto permiso, y lo cierto es que todas están conectadas con los conceptos fundamentales del feng shui.

El cuarto permiso (tu espacio) lo abordaremos desde lo intuitivo, que dependerá de nuestra "intuición natural"; a esto le he llamado *feng shui orgánico*, que no es más que el permiso que nos damos de percibir, sentir y entender nuestros espacios desde nuestra propia energía y la conexión que tengamos con ellos, siendo esto un paso fundamental para transformar la energía de los espacios que ocupamos.

Sin duda, las metodologías tradicionales del feng shui son importantes, y son las que se han hecho más populares en el medio. Ellas nos hablan, por ejemplo, de nueve sectores en los cuales los espacios están divididos; a cada uno de esos sectores le corresponde una orientación geográfica y uno de los cinco elementos. No obstante, nuestro cuarto permiso, tu espacio o la magia del feng shui, está planteado para darnos herramientas potentes a fin de acercarnos de manera más personal e intuitiva a nuestros espacios, a través de nuestro espíritu esencial. Esto nos otorga la oportunidad —y a la vez nos da la tarea— de conectarnos con estos más desde el fondo que de la forma, guiados por conceptos fundamentales de la teoría: la cualidad energética, el yin y yang, los cinco elementos y la esencia energética de los espacios, que nos darán herramientas prácticas para abordarlos de la mano de un componente primordial: *nuestra intención*.

°❖ La cualidad energética - Los sentidos ° y la intuición

La única cosa realmente valiosa es la intuición.
Albert Einstein

La energía es fácil de reconocer a través de los sentidos, la intuición y el sentido común; cuando estos tres aspectos se unen y se enfocan en conciencia, y con la intención de entender nuestros espacios, logramos tener en nuestras manos una forma mágica —¡sí, mágica!— de descifrar con exactitud lo que transmite un espacio, darle un significado específico y ponerlo a nuestro favor. Se requiere, no obstante, una mente abierta y flexible, y una información clara y estructurada para alcanzar el objetivo. El control sobre la mente está en nosotros y la información es proporcionada por el feng shui; tu casa es tu objetivo, pues es una manifestación de tu ser.

Los sentidos y la intuición serán la primera forma de entender la energía de nuestra casa, y serán nuestros cinco sentidos —gusto, vista, olfato, oído y tacto— los que nos guiarán; es realmente un ejercicio sencillo y poderoso. Cada uno de nuestros sentidos representa una proyección de nuestra vida en distintas formas, y la percepción que tengas de tu casa a través de cada uno de ellos te dará una información que podrás amplificar y/o componer.

Observaremos la totalidad de nuestra casa y luego responderemos las preguntas que cada sentido plantea; si quieres puedes hacerte más preguntas que vayan por la misma línea. En las respuestas que des desde cada sentido habrá una energía, y esa energía representará el enfoque que le puedes estar otorgando a tu vida; esto será una señal. La respuesta es personal, ¡y a veces basta con interiorizarla! No obstante, si quieres, aquí lo puedes escribir. Tu respuesta deberá tener una acción concreta para que empieces a mover la energía de tus espacios y así entrar en contacto con tu cuarto permiso; podrás hacerlo desde crear conciencia hasta intuitivamente mover o cambiar algo de tu espacio. ¡Deja que tu intuición te guíe!

El sentido del gusto

✧   **Representa en tu espacio** el gozo, la fertilidad y el placer de la vida.

✧   ¿Te gusta la energía que sientes en tu casa?

❖ ¿Es cálida y luminosa, o más bien fría y sin personalidad?

❖ ¿La gente que la habita es feliz, o más bien triste y afligida?

❖ Si tienes mascotas, ¿ellas están sanas y se sienten cómodas en este espacio?

❖ ¿Cuál es el lugar que más te gusta de tu casa? Esta pregunta tendrá aún más sentido cuando llegues a los espacios de una casa.

Si tus mascotas no se sienten cómodas **y su bienestar es indicador para ti de** cómo está vibrando la energía de tu casa, **entonces haz una limpieza energética con** velas de incienso, velas de luz y sahumerios.

Estímulo sensorial: escoge un elemento de decoración que te guste mucho (una escultura, un cristal, un objeto personal) y ubícalo, con la ayuda de una brújula, en el sector sureste de tu sala, para contar siempre con un elemento que te alegre y te motive al tenerlo cerca y a tu alcance.

Así están mi gozo y mi placer por la vida:

_____

_____

_____

Sentido de la vista

✧ **Representa en tu espacio** la proyección y la abundancia.

✧ ¿Qué es lo primero que ves cuando entras a tu casa?

✧ ¿Tienes una buena vista, o hay algo que la bloquea?

✧ ¿Lo que ves en tu casa te inspira?

✧ ¿Cuál es el color que domina el espacio?

✧ ¿Lo que tienes puesto en tus paredes te gusta, o no tienes nada?

Si ves que tu casa está llena de cosas,
que lo que observas ya no lo sientes
estéticamente armonioso, entonces es hora
de renovar tu decoración a través de cambios que
pueden ser pequeños o grandes, de acuerdo con
tu presupuesto, disposición, y tus objetivos del
momento, pero haz el cambio.

Estímulo sensorial: ubica un espejo en algún lugar visible de tu casa; si es posible, en el comedor, para tener una perspectiva más amplia de la vida.

Así están mi proyección y mi abundancia:

_____

_____

_____

Sentido del olfato

✧ **Representa en tu espacio** la capacidad de adaptarse y fluir.

✧ ¿Cuando entras a tu casa sientes claramente su olor, o no le prestas atención a eso?

✧ ¿Te gusta el olor que identifica tu casa, o no tiene un olor en particular?

✧ Cuando sientes un olor en tu espacio que no es agradable, ¿lo dejas pasar o te incomoda?

✧ ¿Has intentado que tu casa huela de una forma especial y no lo has logrado?

✧ ¿Siempre estás atento a los olores de tu casa?

Si vas a otros lugares,
te gusta la forma en que huelen
y haces la reflexión de por qué tu casa no huele así,
es hora de intervenir en ese sentido tu casa.
Haz una limpieza profunda
**y termina con una mezcla en agua caliente de
naranja, canela y pachulí.**
Cuando esté a temperatura ambiente,
ponla en un *spray* para atomizarla por todo
el espacio y así activarlo energéticamente.

Estímulo sensorial: ubica una forma de olor en tu casa, como velas, *sprays* y difusores que se identifiquen contigo y tu energía, y regula su uso según tu sentir, para que su olor te invite siempre a fluir en la vida.

Así está mi capacidad de adaptación:

_____

_____

_____

Sentido del oído

♦ **Representa en tu casa** la manera como se manifiestan las emociones.

♦ ¿Qué sonidos caracterizan el entorno de tu casa?

♦ ¿Tu casa es un lugar ruidoso, o bastante silencioso?

♦ ¿La música que se escucha te anima?

♦ ¿En tu casa se habla en tonos moderados, o se grita con frecuencia?

♦ ¿Cómo reaccionas frente a los sonidos del funcionamiento normal de tu casa?

Si te sientes especialmente decaído, **o tal vez deprimido cuando estás en tu casa,** entonces es tiempo de tener música **tranquila ambientando el lugar.**

Estímulo sensorial: ubica en balcones o ventanas, donde haya corrientes tranquilas de viento, un móvil de metal de sonidos suaves para elevar la energía.

Así están mi capacidad de adaptación y el equilibrio en mi vida:

_____

_____

_____

Sentido del tacto

❖ **Representa en tu casa** la capacidad de alcanzar los objetivos trazados.

❖ ¿Están en orden las cosas en casa, y todo en ella está funcionando?

❖ ¿Mueves con frecuencia los muebles o permanecen siempre igual?

❖ ¿Tienes muchas o pocas cosas en tus espacios?

❖ ¿Se puede circular por toda la casa, o existen obstáculos para hacerlo?

❖ ¿Te gusta la disposición de los muebles y objetos de tu casa?

Si sientes que tu vida está estancada,
mueve todo lo que más puedas
en tu casa, sillas, mesas, etcétera.
**Cambia de lugar los cuadros,
gira colchones,**
sacude almohadas, saca las sábanas
y toallas que ya sea hora de cambiar.

Estímulo sensorial: con ayuda de una brújula, ubica un ave fénix, portadora de nuevas oportunidades, en un póster, imagen o figura, en el sector sur de tu casa, para confiar en que la vida siempre nos tiene grandes oportunidades.

Así está mi empoderamiento personal:

_____

_____

_____

A través de este ejercicio espacio-percepción podrás entender cómo tu vida se manifiesta en tus espacios y cómo ellos te responden. Es una forma efectiva de volver lo intangible (la energía) tangible, y así resulta más fácil actuar. Entonces, podrás ver cosas como qué tanto te gozas la vida, cómo te estás proyectando, qué tan tolerante eres, si tiendes a fluir o no, cómo manejas tus emociones y qué tan enfocado estás en lograr lo que te has trazado.

Si buscas un cambio
en algún aspecto de tu vida,
intenta mover veintisiete objetos
de tu casa.

₀✧ Yin y yang - Universo en equilibrio

Del Tao nace uno;
de uno, dos;
de dos, tres;
tres da origen a las diez mil cosas.
Las diez mil cosas contienen en su seno al dos, como
fuerzas opuestas que se unifican en armonía en el movimiento.
Tao Te Ching, capítulo 42

Dos fuerzas universales opuestas y complementarias rigen el universo: el yin y el yang, que están en interacción infinita, como lo masculino y lo femenino, el calor y el frío, la noche y el día. Intercambian continuamente energía y su existencia solo es posible por la presencia del otro; sin el yin no podría existir el yang. Son inseparables y existen en función de la relación con el otro. Esta dinámica se manifiesta en todo, en la tierra y en nuestro cuerpo; en este caso, cuando las dos energías están equilibradas, gozamos de buena salud, pero cuando se rompe el balance porque una de las dos fuerzas se debilita, aparecen las enfermedades. Esta relación también se da en nuestros espacios.

La realidad está siempre en continuo movimiento y se forma a partir de la constante interacción entre estos dos principios opuestos y complementarios; si no hay movimiento, hay desbalance, pues ellos están unidos para establecer una armonía. El movimiento está garantizado cuando estas fuerzas están en equilibrio, y este consiste en que haya una compensación permanente entre ellas; si hay un desbalance en alguna, la energía se bloquea y el movimiento se interrumpe.

Lo anterior se manifiesta claramente en el espacio, y esta relación de equilibrio le da sentido al feng shui, que está aquí para compensar la energía cuando se presenten desbalances en este, especialmente para que quienes lo habitan no experimenten efectos nocivos en sus vidas; uno de los desequilibrios fundamentales en nuestro espacio se da cuando hay excesos en alguna de estas dos fuerzas.

Característica de la energía yin: es femenina, la Tierra, la Luna, lo fresco, lo frío, lo húmedo, lo oscuro, lo curvo, lo redondeado, lo bajo y lo pequeño. También se consideran energía yin el descanso, el entendimiento, la fuerza basada en la sensibilidad y la gentileza, y el poder sobre uno mismo. El espacio.

Características de la energía yang: es masculina, el cielo, el Sol, lo cálido, lo caliente, lo seco, lo luminoso, lo recto, lo angular, lo alto, lo grande. También se consideran energía yang el trabajo, el liderazgo, la fuerza basada en el poder y la autoridad y el poder sobre los demás. El tiempo.

Estas energías se manifiestan en los espacios, y si no lo hacen de forma compensada, empezarán a aparecer situaciones complicadas, como conflictos, enfermedades, emociones exacerbadas y pérdidas en muchos sentidos. Por eso, es importante entender cómo están las energías yin y yang en tu espacio y, de ser necesario, actuar para compensarlas. Aquí entras tú. Revisa entonces desde las variables particulares de cada fuerza, yin y yang, cómo sientes los espacios de tu casa; es una fórmula efectiva para entender cómo están vibrando y el porqué de ciertas circunstancias en nuestra vida. ¡Se incluyen todas! Las que te gustan y las que no.

El ejercicio consiste en:

1. Recorrer tu espacio y observarlo "de una sola mirada" y de un solo impulso: así evitarás divagar y alejarte del objetivo, que es sentir la vibración de tu espacio y no permitirte analizarlo ni calificarlo.
2. Define las circunstancias particulares que estás viviendo y revísalas frente a lo que sentiste en tu recorrido. Ejemplo: hay mucho ruido, mi casa es oscura, no tengo plantas, etcétera.
3. Una vez tengas definido el panorama vibracional de tu espacio, actúa con determinación.

Espacios con exceso de energía yin

Cuando la energía yin se desequilibra por exceso en un espacio, produce en sus habitantes estancamiento, pérdidas de trabajo, obstáculos permanentes, depresión, inseguridad, pesimismo, procrastinación, frustración, tendencia al encierro y exceso de miedo, que no permite ir a la acción.

Debe reunir al menos tres de las siguientes condiciones:

✧ Escasa ventilación e iluminación deficiente.
✧ Acumulación de objetos pequeños en lugares estrechos.
✧ Deterioro de la pintura, predominio de colores pálidos y desgastados.
✧ Humedad en las paredes o pérdidas de agua en griferías.
✧ Predominio de colores oscuros (gris, negro, marrón oscuro) o fríos (azul, blanco, metal).
✧ No hay plantas.
✧ Hay pocos habitantes, o los que hay no tienen interacción con el espacio.
✧ Temperatura ambiental fría.
✧ Silencio absoluto y sensación de quietud.
✧ Olor a encierro o a humedad (especialmente en clósets).

Solución:

✧ Incrementar la luz en determinadas áreas de la casa.
✧ Evitar que el mobiliario cree obstáculos y eliminar objetos estancados y sin vida.
✧ Buscar colores más luminosos o alegres.
✧ Ventilar adecuadamente el espacio.
✧ No abusar de cuadros y objetos que den la sensación de frío o soledad; el simbolismo influye de una forma sutil.

❖ Revisar la cercanía a lugares como cementerios,
   zonas en ruina, agua estancada, etcétera. Esto podrá
   darle una explicación a lo que está pasando.

❖ Prestar especial atención a las humedades de
   los clósets; esto impacta directamente la energía
   personal a través de la ropa.

❖ Trata de ser más creativo.

Espacios con exceso de yang

Cuando la energía yang se desequilibra por exceso en un
espacio produce en sus habitantes irritabilidad, hiperactivi-
dad, exceso de trabajo sin compensación, ansiedad, pertur-
baciones en el sueño, peleas y conflictos, agresividad, exci-
tación, desorden, falta de tiempo, preocupación excesiva y
crónica por el dinero.

Debe reunir al menos tres de las siguientes condiciones:

❖ Luz solar o artificial muy intensa.

❖ Calor excesivo.

❖ Los colores de la ambientación son brillantes e
   intensos (rojo, naranja, verde, amarillo fuerte).

❖ Ruidos estridentes durante varias horas.

❖ Corrientes de aire entre puertas y ventanas.

❖ Plantas en exceso y sin mantenimiento.

❖ Formas triangulares, muebles de contornos
   agresivos.

❖ Olor intenso en el ambiente.

❖ Movimiento permanente de personas y objetos.

✧ Exceso de espejos o superficies reflectivas.

✧ Decoración excesiva en las alcobas.

Solución:

✧ Iluminación suave e indirecta.

✧ Uso de tonos oscuros.

✧ Cortinas que procuren intimidad.

✧ Alcobas o cuartos sencillos, decoración sutil y sin elementos de dispersión como televisor o computador.

✧ Música tranquila.

✧ Procurar el silencio.

✧ Tazones con frutas y verduras para decantar la energía yang.

✧ Ubicar fuentes de agua para contener la energía.

✧ Trata de ser más receptivo.

◦✧ La casa y la energía de los espacios

Los espacios más relevantes de nuestra casa tienen un significado energético; entenderlos desde esa dimensión es contar con una nueva herramienta para percibir nuestra propia vida. Con los espacios tenemos una relación de doble vía, ellos nos ofrecen su energía y somos nosotros los encargados de potenciarla o disminuirla. Asimismo, cuando interactuamos con ellos en nuestro día a día, ellos responden proporcionalmente al estímulo. Esa relación es permanente y silenciosa, y es ahí donde el feng shui interviene para que todos pongamos a nuestro favor esa sensibilidad natural que tenemos por nuestros espacios, y nos ayude a conseguir nuestros objetivos.

Desde el feng shui, el hecho de que te guste más un lugar que otro significa algo; entonces, abordaremos este tema a través de un ejercicio sensorial simple para conectarnos con la esencia del concepto. Con seguridad, todos tenemos uno o varios espacios favoritos en nuestra casa y algunos que no nos gustan; ser conscientes de esto y entenderlos desde el concepto energético del feng shui nos dirá algo, nos mostrará algo de nuestra vida. Nos ayudará a entender por qué nos gustan o no, con qué aspecto de nuestra vida no conectan y qué debemos trabajar.

**Protocolo para entender la energía de tu casa
y tu relación con ella:**

1. Escoge un espacio de tu casa que te guste y otro que no.
2. Observa cada uno de estos espacios por un buen tiempo.

3. Dale un calificativo o piensa en una palabra para cada espacio, ¡solo una por espacio!
4. Analiza esa palabra en relación con tu vida.
5. Una vez tengas la palabra, busca más adelante lo que significa cada espacio y relaciónalo con la palabra que escogiste para ese lugar.
6. Reconoce la relación espacio-palabra y toma acción al respecto.

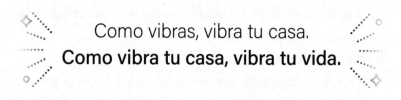

Como vibras, vibra tu casa.
Como vibra tu casa, vibra tu vida.

El hall de entrada – La primera impresión

La puerta principal y el espacio que la recibe —hall de entrada, recibidor, vestíbulo, zaguán— es algo así como "la carta de presentación" energética de nuestra casa; por esto, es un espacio que debe tener carácter y personalidad. Desde el feng shui, la puerta principal ampara la salud y el equilibrio de nuestra casa, pues lo que entre por ella impactará la energía que fluye dentro del espacio y a los que permanecen en él. Incluso hay teorías que establecen que, si la puerta principal y el hall de entrada están situados correctamente, una gran parte del feng shui de la casa estará resuelto. Es importante no obstaculizar el acceso para que la energía fluya de manera permanente. Por ejemplo, si existe un muro de frente a la puerta de entrada se estaría causando un bloqueo u obstáculo para las personas que allí permanecen; entonces, ubicar un espejo podría ser una buena solución para dar profundidad y perspectiva a este este espacio.

Si logras entender este espacio de tu casa, mantenerlo en balance, quererlo y movilizarlo, estarás estimulando en tu vida la aceptación plena y coherente de ti mismo, de lo que vives y de cómo ves la vida.

La sala - Tu vida social y las relaciones

La sala, ese espacio donde recibimos y acompañamos a nuestros invitados, representa en feng shui la "cara pública" de nuestro hogar, y energéticamente es la imagen que transmitimos en términos sociales y hacia el exterior. Por lo general es el espacio más vistoso, al cual le prestamos toda nuestra atención en términos de decoración y orden porque, al fin y al cabo, es lo que queremos mostrar a los que nos visitan, donde exhibimos nuestras "posesiones" y exponemos nuestro gusto personal. Por lo anterior, es muy importante que la sala tenga un estilo particular y acorde con la imagen de toda la familia. Lo ideal es que esté situada en la parte de delante de la casa, cerca de la puerta principal, para recibir la energía que entra. Debe ser amable, con una buena iluminación, muebles cómodos y una combinación de colores cálidos, para que los invitados se sientan bienvenidos y en un ambiente acogedor.

Si logras entender este espacio de tu casa, mantenerlo en balance, quererlo y movilizarlo, estarás estimulando en tu vida las relaciones sociales, los buenos amigos, el ser parte de la generosidad, y poderte expresar con libertad.

El comedor - La prosperidad y la unión

El espacio del comedor y el comedor mismo representan en feng shui el lugar más próspero de la casa, junto con la cocina. Este lugar debe, energéticamente, invitarnos a estar allí y a disfrutarlo; muchas veces digo que, si no usas tu comedor, "estás perdiendo dinero". Debe estar ubicado en un espacio que lo proteja y lo resguarde, para que simbólicamente estés protegiendo tu riqueza material. Una buena luz activará la energía del lugar y su propósito, y el color en las sillas lo hará más agradable y alegre.

Si logras entender este espacio de tu casa, mantenerlo en balance, quererlo y movilizarlo, estarás estimulando en tu vida la riqueza y la energía de la unión familiar.

La cocina - La abundancia, la salud y la nutrición

En feng shui, la cocina impacta la buena fortuna de la familia y es uno de los lugares más prósperos de la casa. Una buena cocina, con un buen mantenimiento y todo funcionando, aportará abundancia a la familia y atraerá desarrollo personal a todos; además, los protegerá de situaciones de pérdida en todo sentido y problemas económicos. A veces se vuelve costumbre comer por fuera y al final resultamos usando nuestra cocina muy poco, y no tenemos claro que energéticamente la cocina activa nuestra fortuna; entonces, tal vez sería preferible comer más en casa, para que tu sustento diario esté garantizado. Decórala con objetos simbólicos, que tengan una intención específica para aumentar la prosperidad de las personas que vivan en este lugar, pero lo más importante es que la uses.

Si logras entender este espacio de tu casa, mantenerlo en balance, quererlo y movilizarlo, habrá en tu vida muchas más fuentes de sustento, buena salud para todos los de la familia y apoyo de gente que nos quiera y respalde.

Los baños - La sanación física y la purificación

Existen algunos mitos alrededor de los baños, que de alguna manera señalan al feng shui como su regente, como que el baño es el lugar con menos energía de la casa y que se debe mantener la puerta cerrada para que no haya "fuga de energía" y pérdida de dinero, pero nada está más lejos de la realidad energética. Los baños son esenciales en la energía de una casa. Si bien es cierto que son espacios que por su disposición y función se perciben fríos e indiferentes, no son nada de eso. Son espacios generosos que se ofrecen para nuestra purificación física y también espiritual; el baño es el lugar más íntimo y personal de toda nuestra casa, por eso se debe cuidar de la misma forma que los otros. Nuestra sanación física requiere un ambiente acogedor y tranquilo; se pueden entonces decorar con plantas —que son efectivas para dar vida a espacios con estas características—, objetos personales o cualquier tipo de decoración. Cada vez los baños tienen más opciones para decorarse e intervenirse; ya quedó atrás la idea de que son espacios que se deben cerrar y jamás mostrar.

Si logras entender este espacio de tu casa, mantenerlo en balance, quererlo y movilizarlo, podrás sanarte a diario y eliminar de ti lo que no te gusta, te lastima y te resta equilibrio.

Hall de alcobas – El gozo y la familia

A este espacio se le conoce también como *family room*, sala de estar, sala de televisión o salón familiar. No todas las casas lo tienen, ya sea por su dimensión o por concepto de diseño. Sin embargo, muchas veces, y de manera natural, este espacio se conforma y reúne a la familia; es el espacio de la casa destinado para compartir, divertirse o estar, y representa energéticamente "el gozo"; por lo tanto, debe ser cálido, cómodo y muy funcional.

Si logras entender este espacio de tu casa, mantenerlo en balance, quererlo y movilizarlo, estarás estimulando en tu vida la liviandad y el goce.

El estudio - La profesión y los negocios

No todas las casas cuentan con un lugar específico de estudio/oficina. Sin embargo, es necesario tener un espacio de trabajo donde atender todo lo relacionado con la administración de nuestra casa, como facturas, cuentas, etcétera; también, para disponer de un espacio de trabajo y para que los más jóvenes estudien. El concepto energético del estudio o de la oficina en la casa representa poder, quehacer, negocios y actividades comerciales, y es fundamental para tener éxito y prosperidad. Si no cuentas con este espacio, ¡dispón de uno! Así sea un pequeño escritorio, mesa o archivador; un punto definido para esta actividad también definirá tu intención al respecto de tu profesión y de toda lo que ella implica y lo que puede traer. Un puesto temporal no tiene la misma fuerza de uno establecido para tal fin, así sea pequeño.

Si logras entender este espacio de tu casa, mantenerlo en balance, quererlo y movilizarlo, podrás lograr el éxito en los negocios, trabajar en lo que te gusta y recibir grandes ascensos.

Las alcobas – La vida interior y la pareja

Las alcobas/habitaciones/dormitorios, en términos energéticos, son espacios sagrados que deben ser tratados con cuidado. Son espacios fundamentalmente para dormir, leer, reflexionar y recargar nuestra energía, y podrían ser unos de los más sensibles y susceptibles, en términos energéticos. Son lugares que deben ser seguros y deben brindar "protección" al dormir; son los antídotos para el estrés y el trabajo agotador, entonces deben invitar al descanso del cuerpo, la mente y el espíritu. Desde el feng shui la decoración de un espacio tiene un gran impacto en su energía, en el bienestar físico y emocional de quienes lo ocupan; por esto, procura que no estén recargados de cosas y que los colores inviten a la calma. Evita colores como el rojo (fuego) e intenta que las texturas y las luces los hagan sentir cálidos y acogedores. En la actualidad, y debido a las nuevas dinámicas dentro de nuestra casa, el espíritu esencial de las alcobas/habitaciones/ dormitorios se ha venido perdiendo; préstale atención a esto.

Si logras entender este espacio de tu casa, mantenerlo en balance, quererlo y movilizarlo, estarás estimulando en tu vida el amor, la realización personal y las relaciones de pareja.

"Los amaneceres del dormitorio
tenían un sospechoso parecido
con la felicidad".

Gabriel Garcia Márquez, *Vivir para contarla*

°❖ Los infaltables en casa

Los infaltables son aquellos objetos esenciales que debes tener en tu casa para que tu espacio se sienta confortable, en armonía, para que vibre en abundancia.

En feng shui hay un sinnúmero de objetos tradicionales que hacen parte de su estrategia de intervención espacial; sin embargo, existen otras formas de intervenir un espacio, como hacer conciencia de su energía a través de la intención, la decoración y los objetos reales de nuestra casa.

Los objetos reales de nuestra casa son los convencionales de todos los días que, al darles un propósito específico, empiezan a cumplir una misión poderosa. A estos objetos los llamaremos *objeto símbolo*, de los cuales podrás tener muchos, y expresarán lo que se quiere recibir, recordar, potencializar o reafirmar en nuestra vida a través de nuestra casa, por ejemplo, fotos que te recuerden los momentos felices, representaciones religiosas, diplomas de grado. Es importante asignarles su propósito para que así mismo vibren.

Estos objetos, además de su finalidad, puedes ubicarlos estratégicamente, teniendo en cuenta los espacios de tu casa: en la sala, para mejorar tu imagen personal; en el comedor, para fortalecer tus finanzas; en tu alcoba, para elevar tu autoestima. Así podrás hacer una sinergia objeto-espacio y aprovechar el máximo potencial de energía con la que cuentan los espacios, y que en últimas se verá reflejada en ti.

Un objeto intención

Es un solo objeto que representa todos tus deseos y sueños. Debes darle la intención de lo que va a representar para ti y el poder que le estás otorgando, y cada vez que lo veas te recordará que todo es posible, y que lo que deseas también. Puedes tener varios objetos intención, pero te recomiendo tener solo uno o máximo tres; así enfocarás mejor la energía. Este objeto intención te invitará a sentirte en abundancia y te recordará que esta siempre se manifestará en tu vida de muchas maneras, y que puedes obtenerla como recompensa natural de tu ser divino; en este punto te apoyará el quinto permiso. Uno de mis objetos intención que más quiero —tengo dos más— es un billete de 2 dólares que fue especialmente emitido por el Departamento del Tesoro de

Estados Unidos para celebrar el año nuevo chino; su serie empieza con cuatro 8, y esto es intencional.

Un buen sofá o sillón

Estar sentados con comodidad en el lugar preferido de tu casa, o en un lugar agradable, confortable y tranquilo, es casi un acto de meditación, y es en esos estados de tranquilidad donde se puede dar una inminente conexión con la abundancia del universo. El sentirnos cómodos y tomarnos un tiempo para descansar y relajarnos nos hace conectarnos con el merecimiento, y esta sensación vibra en abundancia. Además, energéticamente, los sillones personales dan carácter y empoderan, y su color le dará un estímulo adicional a tu vida. El color se lo puedes dar con mantas o cojines; elígelo rojo para animar tu vida, azul para fluir, verde para sentirte estable, rosa para entrar en unión con los demás.

Un espejo

A pesar del mito que hay frente a los espejos, son maravillosos porque dan perspectiva a los espacios y, energéticamente, dan sensación de infinito y de que todo es posible; al reflejar algo agradable y armónico, la frecuencia del espacio aumenta. Los espejos son una pieza clave en la decoración de una casa, así que al menos debes tener uno. Un espejo en el comedor multiplica la abundancia de la familia, y aún más cuando la mesa está servida y se comparte una buena comida y un buen momento. Como te conté antes, un espejo en el hall de entrada de la casa —ideal que te refleje de pies a cabeza— funciona muy bien, si al entrar encuentras de frente un muro; el espejo dará perspectiva, profundidad, y restará fuerza al efecto obstáculo que se puede generar. Un espejo puede ir en la alcoba, siempre y cuando no te refleje al dormir. Si hay en tu casa un espacio oscuro o sin ventanas, donde se sienta muy pesada la energía, un espejo puede hacer las veces de ventana y, en términos energéticos, dará luz al lugar. Además, es una representación del elemento agua, manifestación energética de fluir y estar en movimiento.

Un cristal

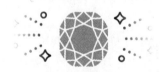

Los cristales son energía en alta vibración y llevarán a tu espacio a moverse en una frecuencia poderosa. Al ubicarlos estratégicamente se puede amplificar su poder; ponlos en los cuatro puntos cardinales de tu casa, y para esto utiliza una brújula. Son además una representación del elemento metal, manifestación energética de seguridad y de las finanzas, porque se asocia con la moneda de los países, al ser el material en el cual está acuñada.

Norte - Propósito de vida
Obsidiana: autenticidad, abre caminos para manifestar la esencia que somos, transformación.
Ágata encaje azul: fluir, apertura de caminos, comunicación asertiva.
Lapislázuli: empoderamiento, piedra de la sabiduría y el conocimiento.
Piedra luna: fluir y sostener las intenciones.

Sur - Brillo personal, la luz que se transmite
Citrino: el poder del Sol, el valor personal, el reconocimiento.
Granate: fuerza y pasión, la suerte en los negocios.

Este - La responsabilidad, la siembra y confiar en lo que somos
Jade verde: sembrar y crear algo nuevo, nuevos comienzos, y asegurar abundantes cosechas.
Aventurina: nos mantiene en la frecuencia del amor, trae oportunidades y nos lleva a fluir.

Oeste - Los planes, ir a la acción para lograr los objetivos
Punta de cuarzo transparente: luz y firmeza.
Citrino: activa el chacra de la corona, que es donde se realiza la conexión espiritual, y fortalece la confianza en el universo; de ahí la posibilidad de lograr los objetivos.

Una lámpara

La luz es energía en expansión, y una lámpara especial, ubicada en un lugar puntual, amplificará tu luz y tu energía. La luz es una representación esencial de la energía yang: brillo, carácter, sonidos, actividad, fuerza; una lámpara de mesa o colgada en una esquina puede elevar tu brillo personal. El fuego, representado por la luz, es uno de los elementos más efectivos para activar la energía de la buena suerte; expresa potencia, voluntad y pasión. Las lámparas son elementos de decoración perfectos para activar la energía de rincones estrechos, pequeños, aburridos y sin vida. Al ubicarlas en la sala principal, se aumentan el carisma de la familia, la imagen y una exposición pública favorable, y al tenerlas en el comedor aumenta la fortuna de la familia.

Un símbolo de tu fe

Sea cual sea tu religión, siempre cuenta en tu espacio con ese símbolo que te eleve en lo espiritual y místico. Es importante que no se confunda con aspectos decorativos, porque le harán perder su carácter profundo. Los símbolos religiosos son una manifestación personal que busca una conexión superior y poseen la capacidad de representarla. La intención de tenerlos en nuestra casa nos hará expandir nuestra dimensión espiritual esencial en nuestra armonía general.

Una planta

Las plantas son energía viva; tenerlas mantendrá tu espacio en movimiento suave y constante. Las plantas representan el elemento madera, que simboliza a su vez crecimiento, expansión y nuevos comienzos. Su energía aporta éxito material, que viene del desarrollo y de la movilidad ascendente. Una planta tiene vida y la capacidad infinita de expandirse, y por eso deben cuidarse y mantenerse sanas y vivas; esto traerá suerte, en especial a los hijos. Busca el rincón Sur de tu estudio/oficina en casa y ubica allí una planta para activar la madera que alimenta el fuego del sitio; esto elevará tu frecuencia en lo profesional. Cuando las plantas florecen, significan buena fortuna que surge de circunstancias aparentemente difíciles; si te sucede, debes sentirte muy afortunado. Plantas con energía especial: el pino significa una buena y sana vejez; el bambú, la sabiduría para saber llevar las circunstancias y recuperarse con facilidad, y el jade, abundancia y prosperidad.

Un objeto personal

Los objetos personales nos conectan con nuestra propia energía y lo que somos, y tenerlos a la vista nos lo recordará siempre. Ese objeto personal puede ser una fotografía, un recuerdo de un viaje, ¡hay infinidad de posibilidades! Deben traernos los mejores recuerdos, las mejores sensaciones, y deben ser efectivos en el momento de recordarnos quiénes somos y qué nos merecemos.

El feng shui es la magia del espacio y está a disposición de nuestro cuarto permiso; bien podríamos verlo como un estilo de vida, nada de culto ni de doctrina, sino simplemente acogerlo desde el concepto filosófico mismo del tao, que nos invita a "vivir el camino" en armonía y equilibrio. Entonces, ¿cómo quieres vivir el espacio que te rodea? Te invito a que busques una forma armoniosa de hacerlo; respeta tu casa, tu ciudad, la naturaleza, el planeta, y vibra mágicamente con *tu espacio*.

"El paraíso está **donde yo estoy".** Voltaire

TU VOLUNTAD HUMANA

PERMISO CINCO
TU ACTITUD
- ALINEACIÓN ARMÓNICA

Cuida tus pensamientos, ellos se convierten en palabras.
Cuida tus palabras, ellas se convierten en acciones.
Cuida tus acciones, ellas se convierten en hábitos.
Cuida tus hábitos, ellos se convierten en carácter.
Cuida tu carácter, él se convierte en tu destino.

Lao Tse

De la humanidad se han dicho muchas cosas; hay infinitas teorías y seguirá siendo objeto de estudio porque, como dice Yuval Noah Harari en su libro *Homo Deus*: "Durante trescientos años, el mundo ha estado dominado por el humanismo, que sacraliza la vida, la felicidad y el poder del *Homo sapiens*"; es allí donde el poder humano se nos convierte en una idea de seres superiores, que nos da el consentimiento de andar por la vida asumiendo que somos la especie dominante y nos exige cosas impensables para demostrar que así es, que somos especiales y que estamos por encima de las otras especies, e incluso de nuestros semejantes. Y justo ahí se desvanece la idea de lo que verdaderamente somos: custodios de nuestra propia e intransferible mágica abundancia, que alberga el concepto de que somos parte de una alineación armónica, al reconocernos desde el "todos somos uno", como una unidad. En la separación de ella radican muchos de los conflictos de la humanidad. Somos hombres creados con la misión de aportar y disfrutar de *la unidad*.

El concepto de *unidad* se hace presente en muchas filosofías, en muchas culturas y desde muchas religiones; la unidad es todo lo contrario a la oposición. Pensar y vivir en unidad trae luz real y permanente a nuestro espíritu, y esa luz nos da paz y gozo; pero casi siempre vivimos en contravía a la unidad. Por esto es más fácil definir qué no es unidad a través de ejemplos simples en lugar de definir su concepto, que al final es el todo.

Unidad no es responder de manera reactiva a cada cosa que nos suceda, aferrándonos a nuestra manera de ser y negándonos a ver otros puntos de vista; calificar todo como bueno o malo, sin ver todos los lados de la ecuación; el sometimiento de los animales en todas sus formas, desde ridiculizar chimpancés vistiéndolos de humanos —algo realmente irónico—, hasta el exterminio sistemático de animales en nombre del comercio, la no valoración de su existencia solo por el derecho que nos hemos dado de sentirnos superiores.

Unidad no es hacerles a los demás lo que no queremos para nosotros; no ser compasivos con los energéticamente más sensibles, sobre todo con los niños —que por su energía iridiscente se manifiestan puros y confiados—, los ancianos —que ya con su energía decantada tienen una capacidad de respuesta lenta— y los desterrados —que, sin polo ni conexión a tierra, son veletas fáciles de mover de acuerdo con nuestra idea particular de viento—. Tampoco es unidad no lograr controlarnos a nosotros mismos, cosa cada vez más difícil; querer imponernos en todos los niveles, en todos los escenarios, en todos los momentos, por encima de lo que sea y de los otros. Y así podríamos seguir con infinitos ejemplos más, y tan amplio es el espectro que realmente no vivimos en unidad sino en *no unidad*, que no es más que las diferencias que nos separan y nos dividen.

Y es allí, en estas situaciones, donde lo verdadero y lo más potente que tenemos como seres individuales —nuestro poder interior— se retrae y se esconde; se deja amilanar, pierde su gracia y su luz, y lo más funesto es que no nos damos cuenta de que eso pasa porque tampoco le damos ningún valor a ello.

Piensa en esto: y si, a pesar de lo externo, de lo que vivamos todos los días o lo que esté pasando fuera de nosotros, por muy abrumador que sea, estamos atentos a esa retracción de nuestro poder interior y logramos parar literalmente por 1,5 segundos cronometrados, y en un acto de abstracción —que no es de este mundo y sucede en una frecuencia de nivel mayor— decimos "la gracia de Dios en mí" (entendiendo a Dios no como un concepto religioso sino como un ser supremo o como una fuerza superior, según su palabra griega *theós*, en romano *deus* y en sánscrito *deva*), en silencio... Casi por arte de magia regresaríamos a la armonía de la unidad, emergería a un primer plano todo lo que fundamenta nuestro espíritu indivisible, alojado con serenidad en nuestra mágica plataforma potenciada X; conectaríamos continuamente con nuestro poder interior, con la luz de nuestro espíritu, con nuestros cinco permisos, nuestra energía y nuestra esencia, que están siempre esperando entrar en acción y amplificar la mágica abundancia que, comprendida entre el cielo, la tierra y nosotros, nutre la unidad. Vivir en unidad, al final, es un buen negocio y puede traer grandes recompensas para todos.

Vivir en unidad es la comprensiva
y compasiva sensibilidad
frente a las diferencias;
en ella no hay oponentes.

Entonces, en resumen, esta dinámica podría plantearse así: la unidad es la forma armónica en que todos contribuimos con el noble y natural curso del universo, donde está inscrito el todo: el espacio exterior y nuestro mundo y su naturaleza, y nosotros hacemos parte de ella. De allí sale el hombre mágico, cargado de información. Sin embargo, las circunstancias de su vida lo abruman, y esa idea de hombre mágico se diluye y se pierde de la unidad. Su poder interior permanece intacto y en espera paciente, hasta que en un momento hace un alto, reacciona y recupera su poder.

Comenzamos como minerales.
Aparecimos en la vida vegetal y en la animal,
y después nos convertimos en seres humanos.
La humanidad está siendo guiada
por un camino de evolución
a través de esta migración de inteligencias,
y aunque parezca que estamos dormidos,
hay una vigilia en el interior
que dirige dicho sueño.
Eso es lo que al final nos sobresaltará,
llevándonos de regreso a la verdad de quién somos.
Yalal al-Din Rumi

Hemos llegado a uno de los permisos más poderosos, o tal vez el más poderoso de todos; no porque los otros no tengan un poder similar sino porque, sostenido por la dimensión humana, compleja y de muchas aristas, este está en nuestras manos y bajo nuestro control. Debemos entonces volver a la representación gráfica inicial, que nos muestra su ubicación estratégica y lo convierte en un permiso cardinal por ser la unión de dos dimensiones —el cielo y la tierra—, ocupando un punto medio regulador que tiene energía propia, que en términos de anatomía humana estaría en el punto del corazón, de donde se desprende la suerte de la humanidad que, en los terrenos de la voluntad humana, se establece como tu actitud o tu alineación armónica, y de allí se desprende toda forma de relacionarnos con el universo.

Y es posible que estés pensando: ¡se acabó la dicha, me tocó de nuevo a mí! Si *la magia soy yo*, ¡entonces la magia no existe! Qué ciegos somos al no reconocernos como humanos

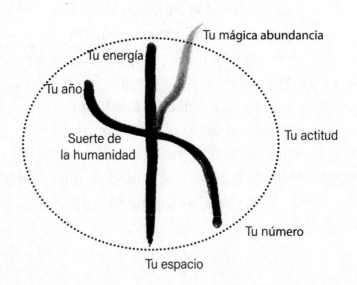

hacedores de magia y mágicos por naturaleza. Y no es solo la frase de cajón inocua que dejamos pasar, sino el hecho de que nosotros mismos ni siquiera lo reconocemos, tal vez porque no hemos tenido la vida que hemos soñado, aunque hayamos tenido una buena vida; porque nuestra infancia fue aterradora; porque nos creemos desafortunados en el amor; porque tenemos cosas, pero queremos más... Y así sucede con una y mil circunstancias, unas dolorosas, incontrolables y descarnadas que se enredan y nos hacen sentir desafortunados incluso desde nuestros ancestros, porque llegamos a pensar que nuestro destino empezó a tejerse desde ellos, y entonces, como es una herencia, no hay nada qué hacer. Y es que gracias a la idea de que somos una especie superior que puede someter a las demás, y que ocupa parte de su energía en hacerlo, ese poder que todos tenemos se manifiesta siempre hacia afuera en lugar de potencializarse hacia adentro, sin tener en cuenta que este es el lugar mágico donde inicia todo, el punto en el cual los cinco permisos permanecen y nos muestran lo que somos y el poder que hay en ello.

Preguntémonos qué ha pasado con tantas personas que, en muchos lugares del mundo, han mostrado su poder interior a través de su don de gentes, del servicio, la música, el arte, la ciencia, el pensamiento, los desconocidos y los célebres... ¿cómo llegaron a entender que había magia en ellos?, ¿cómo pudieron reconocer los poderes que se alojaban en su plataforma potenciada X, y que además impactaban a otros? Simple: sabiéndolo o no, le dieron a aquello especial que tenían un rango superior, y para eso tuvieron que contar con algo eficazmente potente, su *actitud*, que, como una varita mágica, envuelve esa gracia personal (permiso uno y dos) —que, a propósito, no está reservada para pocos, pues es un don natural en todos—, la empodera e impulsa para hacerla realidad. Algo así como sentirnos perfectamente una especie de "mini planta nuclear"; mini, porque estaría circunscrita a nuestro cuerpo físico, un punto imperceptible en el infinito universo, pero potente como la fuerza nuclear que produce energía a partir de ondas minúsculas en movimiento. La actitud actúa como esta varita que conecta el corazón, el cuerpo y la mente; sería entonces un total desperdicio si tu voluntad humana no reconociera a la actitud como una fuerza vital que potencia todos los permisos que nos han correspondido, pues los moviliza, motiva y amplifica. Entonces la magia, presente en todo, reconoce en nosotros un compañero perfecto con quien hacer su trabajo y con quien aliarse, porque tenemos, además, un doble poder: recibimos las bendiciones y a la vez las podemos llevar a la acción.

¿Recuerdas la historia que cité sobre la famosa cantante francesa al inicio del libro? Tal vez nos pueda decir algo:

Mi vida de niña puede parecer espantosa,
pero era hermosa; pasé hambre, pasé frío,
pero era libre, libre de no levantarme, de no
acostarme, de emborracharme,
de soñar, de esperar.
Édith Piaf

Entonces, ¿desde dónde Édith Piaf reconoció su poder? Creería que tal vez su actitud, desde la libertad, le permitió sobrepasar, vivir, sufrir y aprovechar lo que había en ella. Ahora pregúntate, ¿qué tal varita mágica soy? Al imaginarte así entenderás qué tan a favor tuyo está tu actitud. ¿Estás desaprovechando ese poder que hay en ti para amplificar la abundancia que por derecho propio te corresponde?

En el fondo, el asunto no es lo que nos pasa,
sino desde dónde lo vemos.
Si logramos descubrir ese punto, la observación
de los sucesos se vuelve fluida y natural;
allí pueden estar el éxito de nuestra paz interior
y nuestra libertad de espíritu.

Dimensión	Suerte de la humanidad
Campo	Tu voluntad humana
Conocimiento	Tú y cómo te observas y actúas
Componentes	La actitud
Señal	Reconocer el poder natural que hay en ti y lograr ponerlo a tu favor

Según la Real Academia de la Lengua, *actitud* es "la disposición de ánimo manifestada de algún modo". En el *I Ching*, texto oracular que contiene la antigua sabiduría china, este concepto se puede ver en el hexagram Lü, El Porte, que representa el modo correcto de conducirse; está formado por dos trigramas, el superior, Chien —lo creativo, el cielo y las bendiciones—, y el inferior, Tui —lo sereno, el lago, lo alegre y los planes (en el permiso dos ya hablamos de este hexagrama)—. Según este, se puede interpretar la actitud como el comportamiento, la conciencia de uno mismo, el proceder con precaución y sensibilidad, la conducta adecuada y el actuar con responsabilidad.

Una de las revelaciones universales más claras de actitud en amor es Jesús; ha trascendido en el tiempo, no como una religión sino como una manifestación de vida, porque su forma de verla se revelaba siempre en amor, en actitud cercana y sensible, y como me escribió alguna vez mi amigo Jorge Julio Mejía M., sacerdote jesuita: "Transformó la imagen de un Dios juez castigador en un ser amoroso, que ama gratuitamente, que nos ofrece siempre oportunidades para ser mejores y felices, que nos invita a convivir en paz, llegando incluso a amar a los enemigos. Sensible ante la ternura, la belleza, la bondad, la generosidad. Compasivo ante el dolor y la injusticia y el abuso de la conciencia imponiendo leyes: no nos hicimos para la ley, sino que la ley se hizo para nosotros".

Vista la actitud desde otra óptica, en el libro de José Antonio Pagola, *Jesús*, Dios "busca 'reinar' en el centro más íntimo de las personas, en ese núcleo interior donde se decide su manera de sentir, de pensar y de comportarse. Jesús lo ve así: nunca nacerá un mundo más humano si no cambia el corazón de las personas; en ninguna parte se construirá la vida tal como Dios la quiere, si las personas no cambian desde dentro".

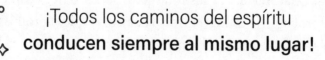

¡Todos los caminos del espíritu conducen siempre al mismo lugar!

La actitud es dinámica y susceptible a variables que pueden ejercer sobre ella un impulso frente a algo, a alguien o ante un evento, y que provocan en nosotros la posibilidad de asumir una actitud negativa o positiva. ¡Pero no lo veamos más así! Para no darle un calificativo de buena o mala a la actitud, desde ahora la llamaré *actitud desde la resistencia* o *actitud desde la esencia.*

Estas variables son contundentes y debemos observarlas con gentileza, pues hacen parte fundamental de lo que somos. Tenemos control sobre ellas y pueden jugar de nuestro lado. Las mencionaré aquí para tener conciencia de algunas de las más importantes: *el carácter personal* es el talante o temperamento que se manifiesta frente a las distintas situaciones del diario vivir; *los hábitos* son la forma en la que actuamos, de una manera ya determinada, porque estamos acostumbrados en situaciones similares a hacerlo así; *la información recogida* es la que nos ha llegado a través del medio donde hemos crecido, la educación recibida y las creencias, ya sean observadas o heredadas.

Hay una variable muy especial que se deriva de las anteriores, *la percepción*, que juega un papel importante en la actitud y se estructura en las características de tus cinco permisos: tu energía (permiso uno), tu esencia (permiso dos) y la forma natural en que las conduces (permiso tres), cómo es el entorno que te rodea (permiso cuatro) —que, a propósito, está cargado de información y vastas sensaciones—, y la actitud (permiso cinco), es la encargada de aplicar la forma en que percibimos el mundo.

La percepción es una visión especial que tenemos, que responde siempre a la energía y esencia que te fue dada; será una luz para ver más claro el camino, y desde otras dimensiones. Sin embargo, esta visión tiene un compromiso especial con la unidad, respetar las otras percepciones —es decir, las de los demás—, porque nos rodean una multitud de ellas que nos indican que una situación, un momento o una postura puede verse de muchas formas distintas. Si así lo hacemos, nuestra actitud responderá en nobleza, compasión, y libre de juicios.

Muchas veces no creemos en nuestra percepción porque no confiamos en nuestro poder interior, pero es allí donde tus permisos te dan la mano y serán una guía clara para que creas en lo que percibes, porque lo haces desde tu propia y particular energía, que en su origen está libre de juicios. La percepción se manifiesta en sinergia con la intuición para sentir las cosas, más que verlas, pues el sentir viene del alma. Si tienes claro de qué estás hecho, sabrás hacer magia con lo que tienes, pues, en gran medida, según cómo te observes, serán tu percepción y tu actitud, y ahí estarás en conciencia pura. ¡Es hora de creer!

Sin embargo, somos tan móviles y susceptibles al devenir que, sin duda, siempre estaremos expuestos, a lo largo de toda nuestra existencia, a movernos entre nuestros impulsos sórdidos y nuestro espíritu esencial, y esto será lo que al final marcará la forma en que percibamos y enfrentemos las cosas que nos suceden. ¡Y no pasa nada! Esta es la dinámica humana y el juego de la vida; la decisión está en nosotros, para que nuestra actitud funcione entonces como varita mágica.

Tus ojos verán lo que tu corazón
está sintiendo,
entonces sana tu corazón
y después vuelve a confiar en él.

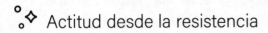

Actitud desde la resistencia

Cuando hablamos de resistencia nos referimos a la obstinación, terquedad o confusión con la que se aborda cualquier circunstancia; por esto, la resistencia vista desde el fluir de la energía es totalmente lo contrario a cómo se conduce el agua, que en su camino rodea las piedras, en lugar de quedarse atorada en ellas; es aferrarnos a una forma determinada de ver la vida, a lo que nos dejó el pasado, y todo lo vemos así porque hemos endurecido y plantado nuestra actitud en ese punto, como parte de las experiencias vividas.

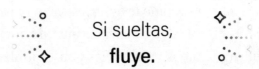

Si sueltas,
fluye.

La actitud desde la resistencia está también relacionada con pensamientos severos y recurrentes que nos frenan y no nos dejan avanzar; estos vienen de muchas fuentes y son tan poderosos que muchas veces toman control de nosotros, nuestra mente y nuestro actuar, amplificándose de tal manera que no nos dejan ver las cosas de una forma diferente a la que ellos nos transmiten. Las consecuencias y el hecho de considerar si están en armonía o no con lo que nos rodea tampoco se tienen en cuenta en la actitud desde la resistencia; la preocupación, la desconfianza, el miedo, la incertidumbre y vivir permanentemente en la dinámica de "los juicios", que se prolonga a cómo abordamos lo que pasa a nuestro alrededor y a lo que pensamos de los demás, son sin duda dañinos y agotadores.

Una forma de controlar la actitud desde la resistencia, cuando sientas que tus pensamientos desgastantes la están creando, es buscar una *frase de control* que la desestime y la transforme. Esta frase es una especie de filtro que, cuando sale de ti hacia afuera —entiéndase afuera como el infinito campo de energía en donde todo se amplifica—, transformará la baja frecuencia en que se ha emitido —actitud en resistencia— y la convertirá en energía objetiva en expansión.

Hay infinitas frases de control; cortas, largas, oraciones. Te doy aquí algunos ejemplos: *el poder está en mí; Espíritu Santo, ilumíname con tus rayos de luz; esto también pasará; si mi corazón está tranquilo, todo lo estará.* Lo importante es tenerlas a la mano cuando, en conciencia, descubres que las necesitas, que seguramente será en muchos momentos. Y es allí, en ese punto exacto, donde se debe transformar esta actitud en resistencia. Después de cinco segundos contados de manifestar tu actitud en resistencia a través de un pensamiento o una emoción desgastante, esta ya ha salido de ti y se ha amplificado de la forma en que la has enviado al universo, ¡nada que hacer! Y, a la vez, ¡todo por hacer!, pues la opción de transformar estas situaciones hace parte de tu poder interior. Entonces, vuelve y empieza, cada vez con más atención, hasta que la logres transformar o desistas de hacerlo. Te aseguro que lo puedes hacer, porque la opción de despertar hace parte de ti.

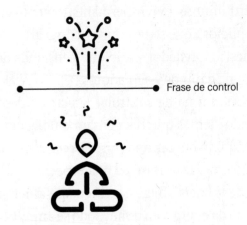

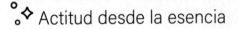

Frase de control

Mi frase de control:
el universo me provee todo
lo que necesito y deseo.
Soy realmente próspera,
abundante y feliz.
¡La gracia de Dios en mí!

°✧ Actitud desde la esencia

Hemos llegado al punto donde nuestro espíritu infinito se sentiría pleno y en armonía; al lugar en el que todos queremos estar, tanto física como energéticamente, y donde podemos permanecer en una calma dulce y fresca, así a veces mostremos lo contrario —con nuestra actitud en resistencia—, pues nos hemos acostumbrado a mostrarnos de una forma, aunque nos sintamos de otra, tal vez porque creemos que no hay más opción y no sabemos que es posible "sentirnos bien". ¿No te parece maravilloso ver las cosas desde la tranquilidad de lo que eres, el espíritu esencial, tomar lo que has reconocido en ti y, en consecuencia, actuar? Así evitaremos culparnos, reprocharnos, y sacaremos de escena los malos pensamientos que, por hábito, hemos cargado por mucho tiempo. Si bien es cierto que reconocernos, tener claro el camino y pensar en unidad puede ser una misión de largo aliento, ¡no es imposible! En realidad, no es tan difícil como creemos, ¡y pensar así es autosabotaje! Estar en ese buen lugar es más fácil y cotidiano de lo que te imaginas; la misión es que la actitud desde la esencia se te vuelva un hábito.

El permiso dos, tu año, puede ser un efectivo punto de partida, pues nos habla de nuestra esencia y de para qué somos buenos de manera natural; no quiere decir que los otros permisos no puedan aportar a la actitud en esencia, es solo que al hacer conciencia de este permiso no vamos a divagar ni a tomar caminos que no nos corresponden para desarrollar la capacidad de escuchar nuestro espíritu e iniciar el camino seguro de encuentro con una actitud desde la esencia. Recuerda que este permiso define tu esencia desde tu año de nacimiento y que tiene una extensión que complementa esa energía principal, o sea que cuentas con dos posibilidades de acción. Por ejemplo, si tu año es el 7, tu esencia son los sueños, lo alegre y la cosecha, y su acción primordial es abrir. Tu año complementario es el 3, la responsabilidad, la seguridad, el movimiento, y su acción primordial es motivar. Entonces, una persona de año 7 puede, desde su esencia segura y alegre, asumir una actitud constante de apertura y motivación. Y si, por ejemplo, le ofrecieran un trabajo en otra ciudad, esta persona asumiría la propuesta como una oportunidad y tomaría una decisión con certeza y convicción, independientemente de cuál sea. Este sería el panorama ideal si lográramos volver hábito nuestra actitud desde la esencia.

Cuando actuamos guiados por nuestra esencia, que siempre será iridiscente y noble, cada paso que damos —entiéndase, las circunstancias cotidianas de la vida, como responder a una ofensa, aceptar un error, manifestar una preocupación y todo aquello que hace parte de la dinámica de vivir, incluso lo que no puedes controlar— lo hacemos en conciencia y compasión. Al actuar guiados por nuestra esencia, además de sentir una comodidad natural por estar en nuestros terrenos naturales, transmitiríamos de manera espontánea una mayor sensación de armonía y entendimiento a nuestro entorno, y nos permitiríamos nuestro ritmo personal sin sacrificarnos, simplemente siendo lo que somos.

¿Qué puede ser más común en ti, una actitud en resistencia o en esencia? Una forma interesante, fácil y sobre todo en atención, de hacer un diagnóstico rápido de qué tipo de actitud tomamos por lo general y qué tan a nuestro favor estamos poniendo este quinto permiso es entender y sentir cómo es nuestra actitud frente a nuestra vida simple y común, al amor, al dinero, a la salud, a los cambios del planeta y la humanidad. Una vez hagas este autoanálisis rápido podrás saber qué tal estás de actitud. En realidad, no necesitarás grandes encuestas ni estudios complicados; las cosas del espíritu siempre son así, simples y sencillas.

Tu actitud o tu alineación armónica

¿Por qué el nombre de este quinto permiso está conformado por dos?, te preguntarás. Y la respuesta es porque ambos transitan por el mismo camino, se alinean en el mismo propósito, vibran en la misma frecuencia, al mismo tiempo, y en doble sentido, porque la alineación armónica hace parte sustancial de la actitud, es su núcleo. Esto quiere decir que la actitud, por naturaleza divina, está en armonía con todo y tiene un poder mágico propio; esto nos envía un mensaje primordial de unidad y de balance, que nos manifiesta que la actitud está a nuestro servicio para que aspectos tan humanos como nuestros actos, nuestra conducta, los juicios y las decisiones los podamos regular de manera fluida y, así, acercarnos a nuestra mágica abundancia.

No obstante, y debido a los cambios a los que con frecuencia estamos expuestos, sumado a que existen fuerzas que han venido impactando nuestra energía por cientos de años, que se renuevan todo el tiempo, y a las nuevas energías que aparecen, la naturaleza armónica de la actitud se ha venido distorsionando en cada uno de nosotros; nos ha hecho olvidar nuestra condición divina, haciendo que perdamos también la alineación armónica que representa. Y la condición divina a la que hago referencia no es más que eso que nos ha correspondido simplemente por haber nacido: tu energía, tu año, tu número, tu espacio, tu actitud. No es necesario salir corriendo a buscarla en otro lugar, es algo que está en ti y en la potencia que apliques al reconocerlo.

Entonces, mientras el mundo sigue girando y nosotros subidos en él, podemos trabajar en mantener la alineación armónica para poner el quinto permiso de nuestro lado y acercarnos con más frecuencia a una actitud en esencia. Lo podemos hacer a través acciones sencillas y cotidianas, que libraremos de conjeturas y raciocinios y ajustaremos a nuestra voluntad y sentido personal:

1. Ser más compasivos.
2. Honrar y respetar el agua.
3. Evitar la polarización en todo sentido.
4. Menos juicios, más entendimiento.
5. Más sonrisas, más brillo en los ojos.
6. Menos azúcar, menos harina.
7. Ser auténticos desde el alma y no desde la apariencia.
8. Menos posiciones de culto, más confiar en lo que somos.

°❖ La misión del permiso cinco

Desde pequeños nuestros padres o tutores nos han hablado de las condiciones para ser "alguien en la vida", y lo dejo entre comillas porque este concepto me parece un poco difuso y vago; sean las circunstancias que sean, de dónde vengamos, con dinero o sin él, con estudios o no, estas condiciones las hemos llevado, muchas veces como un lastre, porque así nos lo han dicho ellos. Y es que tener con qué vivir, una casa,

estar tranquilos, ser reconocidos, saber manejar las circunstancias, lograr el éxito y "vivir bien" hacen parte del paquete
natural de lo que representa la mágica abundancia, que no
solo se trata de dinero y posesiones materiales.

Sin embargo, no todas esas condiciones o nobles acciones
se ajustan a nuestra talla; hay que trabajar duro, ser constantes
y disciplinados, etcétera, y es allí donde la alineación armónica personal se empieza a perder, porque, a pesar de que tengan sentido y razón, no todos encajamos en cada una de ellas.
Por ejemplo, se suele decir que la constancia vence lo que la
dicha no alcanza... ¡qué responsabilidad para la constancia y
pobre la dicha! Según este digno consejo, una persona nacida
en un año perro lo lograría, y una en un año mono, no (permiso uno). Entonces, más que condiciones impuestas que seguir
deberíamos reconocer lo que somos para poderlo enfocar; así
no divagaremos y llegaremos a nuestro objetivo. Una anécdota especial que tengo al respecto la viví en una asesoría en un
restaurante. La dueña pedía que su jefe de cocina fuera más
creativo y se lo insistía todo el tiempo. Su función era sacar
los pedidos listos e impecablemente servidos, y el jefe de cocina sentía que cumplía a cabalidad con esta misión: era el más
concentrado, ordenado y metódico de todos, era buey (permiso uno). Pero la solicitud de su jefe lo sacaba de su alineación
armónica, que consistía en actuar de forma natural y confor-
me a su esencia, porque le pedía creatividad y formas diferentes de servir el mismo plato, algo que una persona mono haría
con felicidad. Él, desde su actitud en esencia, sentía que lo hacía bien, pero las circunstancias externas le mostraban que no,
aunque él sí estaba vibrando en su verdadera energía.

Si lo vemos desde el primer permiso, tu energía, las acciones por tomar para lograr conectarnos con nuestra mágica abundancia, en términos del diario vivir —ser alguien, ¡como si ya no lo fuéramos!—, serían diferentes para todos y vendrían desde la energía esencial de cada uno. Una persona nacida en un año perro diría que la acción necesaria sería la disciplina; para un mono, que le guste su trabajo y hacerlo con entusiasmo; para un buey sería fundamental ser constantes; para un tigre, trabajadores; para una oveja y un cerdo, generosos; tener buena comunicación, diría un gallo; ser empáticos sería primordial para la liebre; pensar muy bien las cosas para la serpiente; tener visión de negocios, diría la rata; mucha buena suerte para el dragón, y hacerlo con toda la fuerza, diría el caballo. Cada uno lo ve desde su energía, y todas estas iniciativas son válidas y sumarían para lograr el éxito; sin embargo, no todos podríamos tener la misma intensidad, porque el enfoque de cada uno será siempre diferente, y esto le da un impulso diferente.

Si bien es cierto que las nobles acciones y los consejos recibidos podrían funcionar, es prudente no olvidarnos de cuál es nuestra esencia y aprovecharla, porque muchas veces nos quedamos trabajando en lo que nos han dicho que debe ser y nos olvidamos de lo que somos; así, lo que estamos haciendo es desenfocarnos de nuestra esencia y desalinearlos por completo. Ya en este punto hemos perdido parte de nuestra capacidad de conexión con nuestra mágica abundancia, porque no hemos entendido quiénes somos verdaderamente y cuáles son las herramientas naturales que, sin esfuerzo, podemos aplicar.

Lo mismo pasa con tu actitud, que, motivada por los hechos comunes del día a día, saldrá a escena y lo hará desde la resistencia o la esencia; esto dependerá de la forma en que encauces tu energía personal. Por esto, la misión de este quinto permiso es extraordinaria, porque es el encargado de movilizar a los otros cuatro para que, en una sinergia mágica, se unan, se amplifiquen y hagan vibrar en poder nuestra plataforma potenciada X, que es en últimas nuestro centro de operaciones energético, donde todo está dispuesto para hacer efectiva la conexión con nuestra mágica abundancia.

Creo infinitamente en la magia, que está desde siempre disponible para todos, jamás para unos pocos; y en estos días mucho más, porque el mundo y su frecuencia vibracional están cambiando. La energía del universo se está moviendo a tal velocidad que está abriendo portales a nuevos campos de energía, donde existe una conciencia mayor y donde hay una conexión directa, espontánea y efectiva con el *todo es posible*. Si yo no comprendo que la magia hace parte de mí, que podría entenderse como reconocer mis características energéticas, como algo que se origina en mí, así esté presente y al alcance de mis manos, es porque no comprendo esa otra realidad infinita que la contempla, porque no confío en mi percepción o la veo de forma limitada la mayoría de las veces, por los pensamientos continuos que producimos, engullimos y casi nunca entendemos.

Sin embargo, y como espontáneamente la buena fortuna hace parte de nosotros, así no estemos muy convencidos, el universo nos lo corrobora presentándonos y poniendo en escena seis grandes *fundamentos* de la dimensión humana que, como guías o mentores de la vida, nos mostrarán con qué debemos lidiar todo el tiempo y cómo podemos hacerlo.

Nota especial: vas a encontrar en cada fundamento guía un número. Tomando como referencia la información del permiso tres, podrás descubrir la frecuencia en la que cada uno vibra desde la numerología, y entonces verás la magia que hay en cada uno de ellos.

¡Desea, desea algo! ¡Manifiéstalo!
Confía en que todo es posible.
Haz lo tuyo reconociendo quién eres
a través de tus cinco permisos.
El universo se encargará del resto.

Fundamentos guía

Hay fundamentos de la dimensión humana que se presentan como acciones guía que nos muestran qué está pasando a nuestro alrededor y nos ayudan a entender el origen de situaciones que no comprendemos del todo, que seguramente nos desgastan y obstaculizan nuestra conexión con la mágica abundancia. Estos fundamentos son formas en las que la dimensión humana se manifiesta, y nos permiten conectarnos en plena conciencia con nuestro ser.

Una función importante de estos fundamentos es orientarnos, y al actuar como emisarios internos nos indicarán de dónde viene la información que estamos recibiendo, si desde adentro de nosotros, desde afuera, o de las dos direcciones; por eso encontrarás unos fundamentos con el adjetivo posesivo *tu: tu cualidad espiritual, tu no negociable y tu intención y el universo.* Estos te pertenecen solo a ti, no hay intervención externa en ellos y solo tú los puedes dirigir y manejar.

Hay otros con los artículos definidos *las o la: las creencias, las señales y la impermanencia,* que nos muestran algo de conocimiento general, y su manejo no es exclusivo de nosotros, aunque sí los podemos intervenir. Esta dinámica nos invita siempre al movimiento y nos muestra que el viento que nos mueve viene de muchos lugares, y lo más divertido es que traerá siempre un mensaje cifrado para nosotros, que nos mostrará la vida de forma mágica, más clara y sin rodeos. Esta es la función espiritual de los seis fundamentos guía.

¿Qué encontrarás en cada fundamento guía?

a. Una frase: es un activador que da sentido práctico y humano a cada fundamento y que puedes utlizar para vibrar cuando lo consideres necesario.

b. Un número: este te indica desde la numerología qué vibración tiene cada fundamento, para que entiendas el poder de cada uno. Por ejemplo, el 1 significa empoderamiento y dominio, y el 8 significa triunfo y contencion.

    c. Modelo de acción: son pasos o condiciones que verás generalmente enumerados, que nos muestran cómo conectarnos con cada fundamento, ya sea para ir a la accion o para reconocerlo y dirigirlo.

    d. Función: cómo te ayuda cada fundamento a lograr una actitud en esencia.

    e. Acciones: lo que puedes hacer para entrar en resonancia con el fundamento.

Las frases son muy especiales para mí, y en el camino descubrí que hay algunas que conectan de forma contundente con los fundamentos guía, y que son una forma de darle sentido a cada uno de ellos; son mensajes cifrados que trabajan como una especie de "encendido", que nos activan, aterrizan y motivan frente a las situaciones del día a día y las experiencias vividas. Nos permiten, de forma práctica, observar y aterrizar la realidad que estemos viviendo en ese preciso momento. A estas frases las he visto siempre como instrumentos que, de forma corta y contundente, pueden contener y sanar. La idea es decirlas o sentirlas por 1,5 segundos contados. Cuando descubrí que había una conexión entre ellas y los fundamentos guía, entendí por qué y para qué habían estado allí todo este tiempo, y concluí que su misión siempre fue mostrar de forma simple cada uno de ellos:

1. Somos intergalácticos; eso nos hace infinitos.
2. La magia está en ti.
3. Vive sin máscaras.
4. El movimiento trae cambios.

5. Si algo te desgasta, mantente a distancia.

6. Confía en tu corazón.

Sin duda, los fundamentos de la dimensión humana son muchos; los que aquí te presento cubren los campos básicos de la vida que nos pueden mostrar de manera práctica el panorama general que debemos tener en cuenta para avanzar hacia nuestra mágica abundancia, a través de una actitud desde la esencia. Presentarlos de esta forma hace que nuestra misión se vuelva cotidiana, tranquila y fácil de ejecutar, sin exigencias estrictas que nos lleven a quedarnos en el intento.

El universo, tú y tu intención (8)

Somos intergalácticos; eso nos hace infinitos.

Este fundamento guía es particular, porque reúne tres variables importantes: el universo, tú y tu intención. El universo toma un protagonismo especial, porque allí nosotros y nuestra intención interactúan con él —en una escala minúscula, pero eso no es relevante—, conectados a través de la energía; es un escenario infinito y poderoso que podemos ver como los planetas, los astros y las galaxias lejanas, o como lo plantea el doctor David R. Hawkins: "el espacio entre los cuerpos planetarios no está vacío, sino lleno de un mar de energía", y nuestra Tierra es parte de este sistema. Al igual que nosotros, como parte de ella. Y a pesar de estar bajo la física de este planeta —pues somos más que la tercera dimensión que nos cubre—, muchas teorías dicen que *somos semillas estelares* provenientes de galaxias lejanas y que nos encontramos aquí, en la Tierra, para formar una humanidad en luz que va y viene entre la coherencia, la pérdida de unidad, el renacer y el aprender. Por eso somos parte del universo, ocupamos una parte de ese espacio ilimitado y estamos en interacción permanente con las energías que allí interactúan, y eso nos hace ser, más que terrícolas, intergalácticos, lo que nos da el poder de ser parte y tener comunicación directa con la "energía potencial" del universo. Nadamos en ese espacio infinito recibiendo todas sus energías, reconociéndonos parte de él y no su centro.

Entretanto, mientras que recordamos y reconocemos los seres de luz que somos, conectémonos con lo que nuestros corazones infinitos recuerdan de nuestros orígenes; tu corazón lo sabe, y tus cinco permisos te lo reafirman. En el universo hay misterios insondables, infinitas dimensiones, no hay espacios vacíos en él; allí está contenida una energía poderosa, allí está *la magia del universo*, y *tu intención* es la forma de conectar con ella.

En este punto apareces *tú*, desde la conciencia, que resulta ser un concepto más sencillo de lo que creemos, o de lo que nos han hecho creer. Es permanecer a la escucha del maestro interior que todos tenemos, pero que por lo general no logramos escuchar por el ruido exterior que nos desgasta; es sentir el alma de las cosas, vivir con nosotros mismos; es estar presentes, activar lo divino que hay en nosotros y darnos cuenta de que hay algo más profundo y que no podemos gastar nuestras vidas solucionando nuestro sufrimiento humano. Justo aquí, cuando tú y tu conciencia están alineados y en resonancia, aparece un poder mágico que nos ofrece una perspectiva infinita y que, incluso cuando no estamos en control, nos da la mano y nos recoge. Es un poder que no le tenemos que pedir prestado a nadie, pues está conectado con nuestra divinidad y es socio de nuestra mágica abundancia. Estoy hablando de *la intención*.

Wayner W. Dyer, de entrada y sin rodeos, en su libro *El poder de la intención*, la define así: "En mi investigación desarrollo una definición bastante corriente de la intención, en el sentido de un firme propósito u objetivo unido a la decisión de alcanzar el resultado deseado". Y así como es de práctica la definición de Wayne Dyer, así de fácil es también ponerla en acción; es un acto de voluntad y de atención. En términos simples, "ponerle ganas", y para esto puedes apoyarte en el fundamento guía —tu cualidad espiritual— que te invita a despertar. Esta es la intención vista desde nuestra humanidad; sin embargo, desde una óptica fundamentalmente energética, la intención es un conector poderoso que se entrelaza con la energía potencial del universo a través de líneas energéticas que se originan en nosotros, y ahí intervienen nuestros cinco permisos; a partir de allí, y de acuerdo con cómo estemos conectados con ellos, esa unión con la energía del universo será de menor o mayor frecuencia.

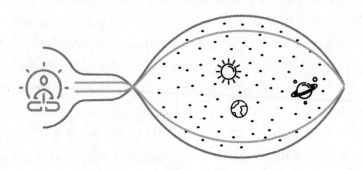

Para que tu intención vibre en una mayor frecuencia, y que así mismo la conexión con la energía potencial del universo sea alta, puedes desarrollar las cualidades de tu espíritu esencial. Podemos empezar con cosas sencillas, tratar conscientemente de estar en armonía con lo que te rodea, buscar la unidad y vivir en bondad y compasión, regalo divino presente en nosotros desde que nacimos. ¿Quieres confirmarlo? Mira la cara de un bebé recién nacido y piensa si no es eso lo que sientes en tu corazón; así sabrás que estas dos cualidades poderosas sí están en ti.

Sin embargo, en la evolución de la especie humana, y desde nuestra visión personal y como género humano, hemos irremediablemente —y a veces irresponsablemente— establecido dos formas de conectarnos con todo lo que existe a nuestro alrededor, entendido como entorno, personas, sistema: en armonía o en desequilibrio, y nosotros nos quedamos ahí, en medio de esta dinámica. A pesar de que nuestra misión colectiva original es custodiar esa armonía que empieza con lo básico: cuidarnos, apoyarnos, y conservar y valorar nuestra casa común inmersa en el universo, que al final es de todos, creemos que es una responsabilidad de los demás y no de nosotros. Esa lección simple, pero contundente, la recibí en el 2017 cuando, en algún restaurante, descarté un plato servido y mi hija de doce años, con una mirada muy crítica, me dijo: "Mamá, este pulpo estaba allí para ti, ¿y simplemente no te lo vas a comer?". Me detuve entonces en silencio, después de la lección aprendida, a ver el mar, sus aguas azules, el verde exuberante que lo rodeaba. Y me hice esta pregunta: ¿será que el poder superior que rige el universo nos compensaría por el buen o mal uso de los recursos naturales y humanos?, y entendí que la recompensa o el castigo no existen, pero tu conciencia y evolución sí, y necesitas que ellas vibren alto, que se muevan en alta frecuencia, para que tu conexión con la energía potencial del universo sea permanente, constante y poderosa, y para que le permitas a tu herramienta personal —*tu intención*— que haga contacto efectivo con tu mágica abundancia.

Empieza por la energía potencial del universo más próxima, nuestro planeta y tu casa.

Pautas para conectarte con este fundamento, sacarle provecho a tu conciencia, amplificada, y así elevar la potencia de tu intención:

1. Decide ser unidad en todo. En tus relaciones, piensa en ti, y también en los otros; cuida tu entorno, para que aportes tanto a nivel físico como mental a lo colectivo. Procura que tus acciones, por pequeñas que sean, siempre hagan el bien.
2. Define el camino que te sueñas caminar. No lo racionalices, es lo que tú quieres y sueñas, lo que te hace vibrar y expandir tu energía. Si lo defines, lo lanzas al universo y él se encarga.
3. Empieza a darle a todo lo que hagas un ingrediente adicional, *intención*, que se relaciona con la palabra *querer*, del latín *quaerĕre*, que significa *buscar*. Busca con decisión la conexión con la energía potencial del universo.

¿Has visto a alguien bailar sin importarle quién lo observa y que solo transmite su sincronía con la música? Tal vez no tenga el ritmo adecuado, visto de manera técnica, pero una vez esa persona encuentre su acople perfecto con la música, por sí sola se sentirá en armonía y unidad. Lo mismo sucede cuando nos conectamos con la energía del universo, en espíritu y a través de la intención. Allí se genera una alineación. La buena noticia es que todos tenemos esa posibilidad, y es un derecho de acoplamiento perfecto que está en nuestra memoria divina, que se logra por naturaleza con lo que tengamos, con lo que seamos y, sobre todo, con lo que queramos.

¿Cómo te ayuda este fundamento a lograr una actitud en esencia, alineada con tu mágica abundancia?
Nos enseña a vivir una *actitud de unidad*. Al reconocer en nosotros la conciencia del universo podremos entender que, a pesar de que nuestra energía está en este mundo físico y terrestre, puede vibrar y conectarse con energías y dimensiones superiores, en donde lo infinito y *el todo es posible* se manifiestan y nos acercan a una dimensión donde la magia y la abundancia esperan por nosotros.

Acciones
Las acciones en este fundamento son específicas: observa las estrellas con mucha atención, si puedes visitar un planetario que tengas cerca, mucho mejor. Empieza a practicar la intención en todo lo que hagas, incluso en lo más simple y cotidiano, así te conectarás con ella naturalmente.

INTENCIÓN:

Poder personal que se conecta con la energía del universo
para darles impulso a nuestra vida, a nuestros actos y
a nuestros deseos y traerlos a la realidad.

Tu cualidad espiritual (1)

La magia está en ti.

Todo lo relacionado con la espiritualidad tiene un halo místico que para muchos se hace lejano e inalcanzable; sin embargo, en estos tiempos modernos la espiritualidad y su estudio cada vez toman más interés, ¡ojalá esto sea una buena señal para todos!

Tengo presentes algunos eventos que me impactaron, donde la cualidad espiritual surgió con claridad y se hizo presente en mi vida. Definitivamente, estos eventos sí están precedidos por una disposición a estar conectados con algo que nos mueve, ya sea desde lo religioso, desde los sentidos —como la música o el arte—, o por anhelos de nuestro corazón que se cumplen —como visitar lugares soñados—;

asimismo existen muchas otras más motivaciones, y a veces nos perdemos la oportunidad de encender esta cualidad en nosotros y de vivirla plenamente porque no sabemos el poder espiritual que hay en ellas.

Uno de estos eventos lo viví en 1995, cuando estudiaba en Roma, y asistí a la misa de domingo en El Vaticano. Quien la presidió fue Juan Pablo II, ¡cuando lo vi no lo podía creer! Al finalizar, él salió caminando despacio y a su alrededor se veía una suave pero extensa luz iridiscente; no sé si alguien más la vio, pero yo sí la vi, y allí entendí que el espíritu tenía luz y que era pura energía. En mayo de 2006, unos meses después de haber tenido a mi única hija, recibí como regalo del Día de la Madre asistir a una de las conferencias que el dalái lama daría en Bogotá; mis expectativas eran muchas, ya que había empezado mi contacto directo con filosofías orientales, y escucharlo me motivaba infinitamente. En esta ocasión no hubo luz alguna que lo rodeara, y fuera de lo que me conectó el color de su túnica roja, el impacto fue básicamente intelectual, al oírlo hablar sobre el budismo y su filosofía. Nueve años después, en marzo de 2015, en un tour de reliquias budistas en Bogotá tuve un encuentro místico con un lama, también vestido con túnica roja, que en un ritual de bendición budista de bondad, amor, paz, y de la iluminación del ser humano, me conmovió profundamente y sembró en mí una conexión profunda con esta filosofía.

He tenido también experiencias especiales con lugares. En 1993 salió la película *Sintonía de amor* (*Sleepless in Seattle*), una comedia romántica con el final icónico de un encuentro romántico en el observatorio del Empire State, en Nueva

York. Por alguna razón esa escena me impactó, y en mi primera visita a esta ciudad, en 1995, al estar en ese mismo lugar, sentí que mi espíritu y su poder me habían llevado allí; que la fuerza interior derivada de él había hecho que esto que me había impactado tanto quedara sembrado en mi corazón y que se manifestara mágicamente en la realidad, sin importar el tiempo-espacio. Simplemente estaba allí, como si no hubiera pasado el tiempo, y en ese momento entendí lo infinito del espíritu.

Lo espiritual también se puede manifestar en el arte y la música que te guste. En lo personal, a mí la música me mueve energéticamente, y tengo una experiencia personal superior con *Carmina Burana*, una composición dramática de Carl Orff, desde la primera vez que la vi, en 1997, pero entendí y sentí su energía con claridad en el 2014. El impacto fue tanto que mi atención fue permanente y estuve en "presencia" absoluta, que no es más que conectar sin distracciones exteriores con lo que mueve tus sentidos, atenta a los detalles, y logré estar en un estado de gozo y luz de alta frecuencia.

En todas estas experiencias narradas les he contado la decisión de estar despierta y de vivir el momento, y ese es el poder de la cualidad espiritual con la que todos contamos. Empecemos por decir que la cualidad espiritual de la que hablamos en este fundamento nada tiene que ver con religión alguna, a pesar de que muchas veces podemos sentirla como experiencia mística, que no se limita a experiencias de tipo religioso, y es muy diferente a las cualidades espirituales tradicionales, que son muchas y tienen muchos enfoques:

amor, esperanza, humildad, sabiduría, y así seguiría una lista infinita. La cualidad espiritual desde nuestra humanidad natural puede resultar más sencilla de lo que hemos creído y está al alcance de una simple decisión: *despertar*. El secreto podría encontrarse en el hecho de estar "despiertos en el momento" y "sentirnos parte del instante". ¿Te ha pasado que te tomas la pastilla de las mañanas y después no recuerdas si lo hiciste? Este es un ejemplo simple de cómo no estamos despiertos; si nos pasa con un objeto en tercera dimensión, que podemos tocar, ver, y que además es importante, piensa entonces cómo es con algo que solo percibimos o sentimos, como actuar siempre de la misma manera y continuar con las mismas dinámicas de la vida diaria, que se nos convierten en hábitos y al final asumimos que son las correctas. ¿Y entonces qué de bueno nos traería despertar? En realidad, tendríamos la posibilidad de reconocer que somos cambiantes y que estamos en constante transformación, así que no opondríamos resistencia a lo que nos va ofreciendo la vida, nos libraríamos de apegos, y contaríamos con una luz especial que nos permitiría reconocer los principios y las condiciones tanto de lo humano como de las cosas. Al tener este conocimiento invertiríamos menor cantidad de energía intentando entenderlos y, por acto reflejo, tomaríamos una *actitud de seguir* y aceptaríamos el fluir de las cosas. En términos de espiritualidad práctica: nos complicaríamos menos. ¡Vamos a despertar!

Se podría decir que nuestra cualidad espiritual nos lleva a darnos cuenta de las cosas, y a contar espontáneamente con una amorosa conciencia guía que nos muestra, sin juicios ni culpas, lo que está pasando en nosotros y fuera de nosotros. La cualidad espiritual se puede manifestar de forma sencilla, tanto que se puede volver una oportunidad de todos los días, con lo que no seguiría siendo una espiritualidad inalcanzable, sino, tal vez, una espiritualidad amiga.

Pasos para conectarte con este fundamento y potenciar tu cualidad espiritual desde el despertar:

1. Seguir viviendo en normalidad, pero en conciencia, sin ansiedad de estar atentos.
2. Desde que te levantes intenta estar en atención plena, especialmente en las cosas cotidianas; si no lo haces, no pasa nada, ve al siguiente paso.
3. Si no logras estar en atención, cambia algo de tu rutina: mueve la ropa de lugar, usa colores diferentes, etcétera. Esto te dará una sensación de cambio y te pondrá en atención, disfrutando de la novedad.
4. Empieza a gozarte las señales, que son el resultado de lo que has desencadenado.

En realidad es exigente, y a veces complicado, estar despiertos todo el tiempo —espiritualmente hablando—, pues esto nos obligaría a cosas como dejar nuestra zona de confort; romper nuestra rutina, que nos da seguridad, y a renunciar a nuestras cosas para pensar en unidad. Por ejemplo, a exigirnos más en el cuidado del agua, a tomar conciencia de que somos luz, y observarnos sin miedo de quiénes somos y asumir lo que nos encontremos; pero vale la pena estarlo, pues nuestra recompensa será saber que estamos en conexión. En realidad, *la cualidad espiritual*, a pesar de que viene de un lugar superior, no se manifiesta con señales extraordinarias. Lo espiritual es un modo de ser que nos invita a mirar adentro, pues quien aprende a mirar adentro, donde somos de verdad, activa lo divino que hay en él; y desde ese punto observará todo lo de afuera como una extensión de sí mismo. Gran responsabilidad, maravillosa oportunidad.

Señales cotidianas que te muestran que tu cualidad espiritual está en expansión:

1. Eres aún más amoroso y compasivo con los animales y con las mascotas, así te gusten o no.
2. Eres más empático con el dolor de las personas.
3. Te ríes más.
4. Te enganchas menos.
5. Ves la muerte con más tranquilidad y aceptación.
6. Eres más sensible a los olores (ver permiso uno).
7. Te enfocas más, procrastinas menos.
8. Vivir el ahora se convierte en una experiencia, no en un imaginario.

¿Cómo te ayuda este fundamento a lograr una actitud en esencia, alineada con tu mágica abundancia?
Despierta en ti una *actitud de seguir.* Te permite reconocer que, mientras vivimos nuestra vida diaria, algo mágico sucede dentro de nosotros que, de manera silenciosa, está actuando y transformando nuestra existencia.

Acciones

Respirar como un acto consciente. Es importante aprender a respirar porque te recarga energéticamente y te proporciona el poder de elevar tu frecuencia para conectar con la magia del universo. Lleva también cristales contigo.

Solo necesitamos la disposición
de querer ser.

Las creencias (1)

Vive sin máscaras.

Una vez estaba en una playa y un nativo se me acercó y me ofreció conchas de caracol que llevaba en un cubo. Por una creencia familiar recibida de mi mamá, que ella a su vez recibió de mi abuela, nada que venga del mar, y en especial los caracoles, debe llegar a la casa, porque le "traen la sal" a esta y a quienes la habitan. A pesar de esta creencia, y pensando en el equilibrio de la naturaleza que plantea que no deberíamos retirar las especies de su entorno natural, pues esto motiva su comercio, me acerqué a verlas; eran conchas bellísimas, de un color naranja intenso en su interior. La concha de caracol es uno de los ocho tesoros del Buda y para los budistas representa su voz y la profundidad de sus enseñanzas; esta simbología me hizo olvidar el equilibrio ambiental y, sobre todo, las creencias de mi familia. Yo quería una.

Sin embargo, los juicios iban y venían en mi cabeza y me hacían pensar que las conchas de caracol no deberían estar en mi casa, porque además me traerían mala suerte. En la antigua china se creía todo lo contrario: los funcionarios de la Corte imperial las tenían como parte esencial de su decoración, precisamente porque traían buena fortuna. Con tantas creencias dando vueltas por mi cabeza, no sabía qué hacer, y mis acompañantes ya estaban impacientes. Cuando decidía que me quedaba con una de ellas, en un bucle confuso aparecían mi mamá, mi abuela, mi compromiso ambiental, Buda, los funcionarios imperiales y "la sal", ¡y no me podía decidir! Al final resolví no quedarme con la concha de caracol; su simbología no tenía suficiente fuerza frente a la creencia de todo lo malo que me traería si la tenía en mi casa.

En ese momento, soy sincera, ya no pensaba en la naturaleza ni en el ecosistema; la magia que sentía por ese objeto se había perdido por completo, gracias a mi confusión mental. Definí que no la llevaría, y terminando la conversación con el vendedor como una cortesía, por el tiempo que me había dedicado, le pregunté cómo se llamaba, y él me respondió "Serafín", que viene del hebreo *serafim* y significa "nobles príncipes", "ángeles alados". Yo, en éxtasis total, exclamé "¡Serafín!". Estos eran los ángeles de los que mi mamá me hablaba cuando era pequeña, me decía que siempre me acompañan y protegían... así que compré la concha; hoy está en mi casa y es de esos objetos especiales que tengo, uno de mis preferidos, y a veces pienso en si hice bien en traerlo a mi casa... pero me motiva también pensar que me la entregó un Serafín.

Según la Real Academia de la Lengua, *creencia* es "el firme asentimiento y conformidad con algo". Y es que esta anécdota está desbordada en creencias que vienen de muchos puntos: desde lejanas tierras, por lealtad a un linaje, del deber ser, del querer ser, desde adentro... pero lo único cierto es que, si no tenemos una posición segura y decidida ante ellas, su tendencia será generarnos confusión permanente. Las creencias nos programan, se renuevan de acuerdo con las circunstancias y nos reprograman después; nos crean contradicciones que nos hacen dudar y no nos dejan avanzar, y lo más crítico es que nos quedamos en ellas porque son seguras, y así no nos vemos obligados a cambiar ni a reinventarnos. Las creencias son desgastantes, pero cómodas al final.

Las creencias tienen diferentes orígenes, y por eso estamos expuestos todo el tiempo a ellas. Están las creencias fundamentales sobre la vida —incluida la muerte—, las que vienen de la filosofía y del imaginario colectivo de cada cultura, las religiosas, las familiares, y nuestras propias creencias personales, que son el resultado de todas las anteriores y que, sin duda, empezaron a asentarse en nosotros desde niños, cuando iridiscentes y curiosos observamos nuestro entorno con asombro y quedamos expuestos a la vida y sus creencias.

Imaginémonos de niños observando todo lo que pasaba a nuestro alrededor y lo que hacían quienes nos rodeaban, en la casa, con la familia, en el barrio, en el colegio, en la calle; seguramente le preguntaríamos al adulto que estuviera cerca de nosotros el porqué de cada situación. ¿Se acuerdan de sus porqués de pequeños? Y en las respuestas que recibimos pudieron transferirnos muchas creencias que, a su vez, ellos también recibieron. ¿Tienes presente qué respuestas les has dado a los niños que te han preguntado por qué? Allí hay un mar de creencias que tal vez nos han mantenido alejados de la realidad, que se constituyen en solo ideas, conjeturas, y tal vez en información equivocada que nos impide ver que nuestra vida se podría ver y abordar de otra forma.

Las creencias son esas ideas que, incluso sin saber de dónde vienen, nos movilizan, nos motivan, pero también evitan que demos el paso y limitan nuestra libertad. Y este fundamento es tan potente que reconocerlo en nosotros, afrontarlo y resolverlo, nos daría el poder de alcanzar una *actitud en libertad*.

Pautas para conectarte con este fundamento y que te indicarán la presencia de creencias arraigadas en tu vida:

1. Revisa qué creencias tienes identificadas plenamente y de dónde se originan, ¿son culturales, sociales, reli-

giosas, familiares o personales? Obsérvate en retrospectiva.

2. Indica en qué te aportan o cómo te limitan las creencias del punto anterior.

3. Analiza si tiendes a tomar posiciones drásticas, a polarizar y/o a no escuchar las ideas de los otros; si es así, es hora de un cambio, recurre a tus permisos.

4. Determina si repites cosas con las que no estás de acuerdo y no te conectas y lo haces porque crees que debes seguir una tradición familiar; si es así, es hora de asumir responsabilidad sobre ti mismo.

¿Cómo te ayuda este fundamento a lograr una actitud en esencia, alineada con tu mágica abundancia?

Nos muestra cómo alcanzar una *actitud en libertad.* Nos invita a entender que hacer cambios en nuestra vida no es perder, y que hacerlos a conciencia nos llevará a nuestra esencia, donde la realidad es otra y donde las limitaciones que nos hemos autoimpuesto en nombre de lo que creíamos que debía ser nuestra vida ya no existen. Viviremos sin máscaras que nos condicionen, para así transformar nuestra realidad desde nuestro poder interior.

Acciones

Una vez definas tus creencias frente a la vida, el amor, el dinero, el éxito y la salud, analiza con cuáles te quedas y cuáles sueltas. Escoge un objeto importante para ti y dale la intención que te recuerde que no vas más con las creencias que te limitan.

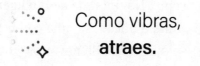 Como vibras,
atraes.

Tu NO negociable (8)

Confía en tu corazón.

Universo

Tu no negociable

En una de mis consultas le pregunté a la persona que tenía frente a mí ¿cuál es *tu no negociable?* Antes le expliqué que el *no negociable* es "ese algo" que está entre el séptimo centro de energía, ubicado en la coronilla (chacra de la corona en el hinduismo) y el universo. Es una línea fina imaginaria, un espacio muy pequeño donde solo hay cabida para ese algo sobre el cual no existen nada ni nadie. Con una seguridad absoluta y una claridad admirable, y sin pedirme más explicaciones, me respondió: "mi tranquilidad", y empezó a contarme por qué. Lo interesante es que no todas las personas tienen claro este concepto. No por falta de inteligencia, sino porque no saben ni siquiera que existe una condición totalmente personal que solo depende de nosotros y que es solo para nosotros, y que a medida que vamos creciendo, el no negociable se hace más evidente y se vuelve una bandera personal e intransferible.

Tu no negociable está conectado con tu energía y tu esencia, en un espacio infinitamente personal e íntimo, que te pertenece a ti y sobre lo cual no hay nada más que el universo. Es solo tuyo, te hace bien, te hace pensar en ti y te da claridad de lo que realmente quieres. Para algunos su no negociable es la libertad, la tranquilidad, la familia, el amor... hay tantos no negociables como personas. ¿Cuál crees que es el tuyo?

 Tu NO negociable está ligado a tu ser divino.

Condiciones para conectarte con este fundamento y descubrir tu no negociable:

1. Está conectado con tu corazón, tu energía y tu esencia.
2. Se empieza a definir a partir de la adultez (veinticinco años).
3. Se ubica entre tu ser y el universo.

4. Es único; es decir, no puede haber dos no negociables al mismo tiempo.
5. Tu no negociable es de carácter noble. Nunca buscará el mal en ningún sentido ni dirección.
6. El entorno te va mostrando si tu no negociable es correcto; por eso debes estar atento a las señales.
7. Es dinámico, móvil y flexible, pues puede cambiar de acuerdo con tu momento personal y tu edad.
8. Debe permanecer en ti por al menos 52 días: por numerología, cuando se lleva el 52 a un solo dígito nos da 7, que es un número místico que nos lleva a entender los misterios del alma.

El no negociable requiere una voluntad contundente y existe desde que somos niños; sin embargo, llegan los adultos y con el "deber ser" hacen que se pierda ese poder de saber qué es lo que queremos desde el espíritu esencial, que en la infancia es algo puro y sin juicios. En la adolescencia y juventud es casi imposible que aparezca, pues se están viviendo al mismo tiempo muchos no negociables; es por esto por lo que, finalmente, aparece en la adultez.

En otra de mis consultas le pregunté a quien me consultaba cuál era su no negociable y me respondió que el amor, encontrar una pareja que le diera amor y mucho amor, pero me dijo también que era importante que la persona que conociera tuviera estabilidad económica para que la relación fuera equitativa y que no se presentaran problemas en ese sentido; buscaba vivir una vida tranquila y cómoda, porque su objetivo era vivir bien. Entonces, ¿cuál crees que era su verdadero no negociable? Para esta persona no era el amor, sino su bienestar.

El anterior ejemplo es claro en mostrarnos cómo podemos definir nuestro no negociable. Muchas veces queremos varias cosas al mismo tiempo, pero sin duda habrá algo que siempre prevalezca sobre las otras, porque nuestro ser divino sabe exactamente qué necesitamos. Este fundamento es el que más cree en nosotros, porque nos da la seguridad y la convicción de que lo que sentimos en el corazón nos hará bien a nosotros y a los demás.

¿Cómo te ayuda este fundamento a lograr una actitud en esencia, alineada con tu mágica abundancia?

Nos da el apoyo para tener una actitud en confianza. El no negociable te da claridad de lo que quieres y lo que no, te ayuda a tomar decisiones claras, seguras y a tu favor, y te permite pararte con seguridad ante la vida, pensando primero en ti. Recuerda que, si tú estás bien, tu entorno también lo está.

Acciones

Analiza si sabes decir no, o si, por el contrario, tienes la tendencia a sacrificarte por los otros. Una vez lo tengas definido, busca el balance para que tu no negociable sea noble y haga bien a todos. Después regálate algo, date un tiempo para ti, come algo que te guste mucho, piensa en ti, para que fortalezcas y valores lo que es importante en tu vida.

—¿Cuál es tu NO negociable?
—¡Está clarísimo! ¡Mi pareja!

—¡Maravilloso!... Ah, pero si te sale un supertrabajo
en otro lugar y no puedes estar con tu pareja, ¿qué escogerías?
—Mmm, el trabajo...
En este ejemplo, ¿cuál es en realidad el NO negociable?

Las señales (8)

Si algo te desgasta, mantente a distancia.

Por lo general estoy atenta a las señales; he descubierto que esto significa estar dispuestos a escuchar lo que el universo quiere decirnos, pues ellas se hacen presentes todo el tiempo y, de todas formas, y son también una manera en que la magia se manifiesta.

Las señales han sido mis compañeras de camino, me llegan de todos los tamaños y formas: encuentros increíbles, sueños reveladores, mensajes mágicos y los que llegan al celular —y procuremos no pensar ¡es el algoritmo!—, objetos encontrados después de darlos por perdidos; hay señales portadoras de libertad, de protección, y todas traen un mensaje cifrado. Las señales nos hacen caer en la cuenta de cosas, nos dan tranquilidad y nos sacan de un bucle; ¿recuerdan la historia de

Serafín, el vendedor las conchas de caracol? La señal fue su nombre.

A veces hay señales pequeñas, pero contundentes. En una oportunidad, estando en un comité de diseño de un proyecto de mi oficina, el ambiente estaba tenso. Se estaban discutiendo condiciones que le darían al proyecto un cambio; empezó a hablar mi cliente, y a medida que él lo hacía, yo iba sintiendo que mi energía fuego se elevaba (ver los elementos - permiso uno), pero sabía que debía estar en control y en calma para responder con inteligencia. Llegó el momento de mi intervención y, antes de hacerla, me tomé el resto de café que quedaba como un preámbulo al discurso vehemente que iba a dar. Ya estaba a punto de empezar, pero tomé la taza primero y la observé, y en el fondo, con el resto de café que había quedado, vi que se había formado un corazón... ¡un corazón! Amor, paz, entendimiento, unidad, conciliación... quedé literalmente flotando. Esta sensación duró un segundo, pero estoy convencida de que en la quinta dimensión duró horas, y cuando aterricé, mi disposición era otra. Me limité a decir que lo iba a analizar y volveríamos a hablar; los argumentos que tenía planeados no aparecieron en escena, y tal vez esa señal me permitió ver la situación de otra forma. A pesar de que el proyecto cambió, fue muy bueno, y el resultado, mejor. ¿Cuál habrá sido el mensaje de esa señal?

Otra forma como empecé a reconocer las señales fue frente a situaciones que no podía controlar. Por lo general queremos controlarlo todo, y cuando algo que quería con mucha fuerza no sucedía, me quedaba dándole vueltas a la situación por mucho tiempo, preguntándome por qué sucedía esto, y el desgaste era total. Cansada de este hecho, decidí darle una oportunidad a ese tipo de situaciones y las empecé a ver como señales que debía analizar y sacarles el mayor provecho, que bien interpretadas se volverían salvavidas mágicos. Esta disposición frente a las cosas de la vida nos permitirá tomar una actitud alineada que nos hará más fácil la conexión con nuestra mágica abundancia.

Las señales son una llave a tu dimensión mágica. Te mueven los sentidos y no están reservadas para quienes tengan una percepción mayor; todos estamos en la capacidad de sentirlas, recibirlas, entenderlas y aprovecharlas. Esto quiere decir que, más que conscientes, debemos estar atentos, y la vida automática que llevamos es un gran impedimento para lograr ver las señales con claridad.

Las señales están en todo: en las situaciones de felicidad, aunque casi siempre por el éxtasis del momento no las vemos con claridad y lastimosamente se diluyen, y en momentos de dolor, cuando son más fáciles de ver, pero también más difíciles de entender. Se presentan también en lo físico, y se dan así porque tu vibración las atrae; por esto vemos números, se nos eriza la piel, oímos algo tal vez inaudible para otros, sentimos olores que nos indican algo especial, encontramos objetos que no tienen un sentido aparente (ve al permiso cuatro, la cualidad energética - los sentidos y la intuición), y todas estas son manifestaciones reales que, si no racionalizamos, toman una dimensión mágica y poderosa.

Condiciones para conectarte con este fundamento y que debes tener en cuenta para que las señales conserven su poder y no se distorsione su misión:

1. Debes estar consciente del momento emocional que estás viviendo.
2. Evitar darles un sentido intelectual y técnico.
3. Obsérvalas siempre desde la coherencia.
4. No les des un carácter dramático, ellas son de bajo perfil.
5. Siempre las señales son y tienen una misión noble.
6. En todo momento y lugar las señales están presentes.

¿Cómo te ayuda este fundamento a lograr una actitud en esencia, alineada con tu mágica abundancia?
Nos da la apertura de mente para tener una *actitud mágica.* Este podría ser el fundamento con mayor componente mágico, pues te invita a creer y darle un sentido mágico a todo; hasta la más simple y corta situación se vuelve una señal que trae un mensaje cifrado para ti, que por lo general es de buenas noticias y oportunidades.

Acciones
Abre la mente, siente y, sobre todo, cree. Durante un tiempo busca señales; en principio hazlo de manera intencionada, después suelta y empieza a observar qué sucede. Lleva una

pluma contigo como señal de conexión con el campo energético donde se crean las señales.

Es bastante probable que en toda situación o relación esté presente una señal, que se manifestará como química personal, compatibilidad o incompatibilidad. Las señales son mensajeros invisibles.

La impermanencia (8)

El movimiento trae cambios.

¿Aprovechas los momentos que vives? ¿Sabes que serán únicos en tiempo y espacio? ¿Tienes claro que así tengas una vida estable, las cosas pueden cambiar? ¿Estarías preparado para esto? Por lo general no nos hacemos estas preguntas, ya sea porque no nos interesan o porque las evadimos para no preocuparnos, pero en lo más profundo de nuestro corazón sabemos que nada dura para siempre y que todo cambia. Y así suene a frase sentenciosa de alguien que ya ha vivido mucho tiempo, ¡es verdad!

En *El libro tibetano de la vida y de la muerte*, Sogyal Rimpoché dice:

En nuestra mente los cambios siempre equivalen a pérdida y sufrimiento. Y, cuando se producen, procuramos anestesiarnos en la medida de lo posible. Damos por supuesto, tercamente y sin ponerlo en tela de juicio, que la permanencia proporciona seguridad y la impermanencia no. Pero, en realidad, la impermanencia es como algunas personas que encontramos en la vida: difícil e inquietante al principio, pero, cuando se la conoce mejor, es mucho más amigable y menos perturbadora de lo que hubiéramos podido imaginar.

Así de noble y afable es la impermanencia. Si logramos entenderla, estaremos listos y preparados para todo. La vida se volvería en sí misma una oportunidad permanente, porque al vivir con sentido los cambios diarios que ella nos muestra veríamos nuevas y excitantes opciones. Además, el aquí y el ahora serían divertidos, y dejaría de ser un juego de palabras desgastado y se convertiría en una frase de poder; aprovecharíamos cada momento porque, al final, sería único e irrepetible. Los buenos momentos los disfrutaríamos, y sabríamos que los no tan buenos igual van a pasar. Pero la verdad es que no cooperamos mucho con la impermanencia y con los cambios que esta nos va presentando en el camino; somos expertos en oponer resistencia.

Cuando no hay conexión florece
la resistencia.

La impermanencia es cambio, movimiento y dirección, y cuando escribo esto, de inmediato pienso en la película alemana *Corre, Lola, corre*, de 1998, que me mostró por primera vez la impermanencia y su anatomía. Lola es una joven alemana que contesta un teléfono y a partir de allí debe tomar decisiones, como si debe tomar una calle u otra; la película se divide en tres carreras, cada una con movimientos y direcciones diferentes. Y así es la vida, estás en un punto y la decisión que tomes es justo la impermanencia en acción, porque el momento te hará tomar una decisión; esa decisión, un movimiento, y ese movimiento, una dirección. Las decisiones que tomas en cada momento de tu vida inevitablemente van a generar un movimiento. El movimiento es permanente, infinito, y tiene una expectativa; sin embargo, aunque todos estamos expuestos a esa acción, seguramente a algunos les será más fácil de aceptar que a otros (permiso uno).

Esta dinámica es muy intensa, aceptar la impermanencia también lo es, pero a la vez gratificante y liberador. Además de invitarte a entender el objetivo de este fundamento guía, aceptar la verdad del cambio y que nada es permanente, en términos de la sabiduría de abuelas nada dura para toda la vida. Te invito a soltar, porque cuando lo haces todo aflora; no te exiges por mantener las cosas tal como crees que deben ser, no te aferras colaborando con el flujo natural de la vida, optimizas tu energía y la inviertes en las cosas que resuenan con ella. En últimas, aceptas lo que llega y gozas más tu vida, porque aceptar la impermanencia es soltar, desprenderse, dejar el control, entender la incertidumbre, aceptar los cambios y ver la muerte sin miedo, que es el cambio más poderoso e inevitable.

Pasos para conectarte con este fundamento y aceptar la impermanencia

1. Escoge una foto tuya de cuando eras niño o adolescente y una de tu momento actual, y observa a conciencia, en la foto y en tu vida, el paso del tiempo. Define qué es lo que más te impacta del proceso.

2. Escoge un objeto que sea muy importante para ti y que, si llegaras a perder, te generaría angustia. Ahora piensa, ¿sería capaz de desprenderme de este para lograr tranquilidad y paz? Esto te hablará de tu capacidad de renunciar a lo que cargas en tu vida.

3. Haz una lista de las cosas buenas que quisieras que permanecieran en tu vida, y revisa sobre cuáles tienes el control. Esto te mostrará qué batallas combatir y cuáles no.

4. Piensa en tu muerte y en la de un ser querido, ¿qué sientes? Analiza lo primero que venga a tu mente, a tu cuerpo y su intensidad; esto te indicará qué tan realista estás siendo frente a la situación.

5. Analiza, después de hacer estos ejercicios cortos y sencillos, cuál es tu porcentaje de aceptación de la impermanencia y de los cambios.

Hay una historia sobre estar preparados para la incertidumbre. Una mamá llevó a su hijo donde el sabio del pueblo y le pidió que lo ayudara a perder el miedo. El sabio le propuso que hicieran un ejercicio que podría ser impactante para él, pero sin duda sanador. En la noche más oscura y fría del mes, dejarían al adolescente en una esquina y él debería empezar a caminar en busca de la única luz de pueblo (la vida); su objetivo era llegar allí (no vivir más con miedo) y debía permanecer caminando porque, si no lo hacía, el frío lo paralizaría (el flujo natural de la vida y su devenir). A medida que el adolescente avanzaba, el sabio sorpresivamente salía de la oscuridad y lo asustaba. La primera vez fue aterrador para él y le tomó tiempo recuperarse; no dejaba de llorar, se sentía perdido y abandonado, pero sabía que debía seguir (la supervivencia humana). Pasó una y otra vez, y así, en repetidas ocasiones (las experiencias de la vida), cada vez su sensación de miedo fue disminuyendo y el adolescente se sentía más seguro y tranquilo, porque estaba preparado para lo que viniera. En la última oportunidad, ya no sintió miedo, estaba tranquilo, y le dijo al sabio: "¡Ah! ¿Otra vez eres tú?", siguió su camino y encontró la luz. Así se siente cuando abrazas la incertidumbre y los cambios: aumenta tu confianza y se fortalece tu carácter.

¿Cómo te ayuda este fundamento a lograr una actitud en esencia, alineada con tu mágica abundancia?
Nos da valor para tener una *actitud en no resistencia*. Nos muestra que todo cambia de lugar. Por eso, es fundamental disfrutar y aprender de los movimientos que la vida nos presente, porque si disfrutas los cambios, expandes tu energía, y si aprendes de ellos, capitalizas energía. Si no haces nada, solo la desgastas.

Acciones
Observar lo simple y allí ver el movimiento permanente de las cosas, como el caminar de la gente, el movimiento de los

pájaros al volar, la acumulación de la basura en la cesta de tu casa; es ver conscientemente el movimiento que hay en todo. Durante un tiempo soltarse el pelo, aflojar un poco el cinturón del pantalón, llevar ropa suelta y liviana y caminar un buen rato sin zapatos.

Maestro, ¿cuál es el secreto de tu serenidad?
Cooperar incondicionalmente con lo inesperado.

Tu actitud y sus apoyos

Ahora que ya tienes la anatomía completa de los seis fundamentos guía, recuerda: tu calidad espiritual despierta tu actitud de seguir; las creencias te muestran cómo alcanzar una actitud en libertad; tu no negociable te da el apoyo para tener una actitud en confianza; las señales te dan apertura de mente para tener una actitud mágica; la impermanencia te da valorar para tener una actitud en no resistencia, y tú, tu intención y el universo te enseñan a vivir una actitud en unidad.

En conclusión, tu actitud o tu alineación armónica cumple una misión importante que consiste en movilizar los otros cuatro permisos, quienes, a pesar de tener su propia energía y la facultad de moverse de manera individual, bien reciben el apoyo y el estímulo adicional que el permiso cinco les brinda para alcanzar su máximo poder, y desde allí entrar en resonancia con tu mágica abundancia. ¡No te lo pierdas! Aprovecha lo que te fue entregado por el cielo y apóyate en los fundamentos guía, que te muestran la cotidianidad de la vida, para que en tu camino cuentes con compañeros de viaje que, como ángeles, te sabrán guiar.

Solo es posible
alcanzar la plenitud de lo divino
en la medida en que nos empeñamos
por lograr la plenitud de lo humano;
únicamente podemos llegar a ser
más divinos haciéndonos más humanos.
José María Castillo

TERCERA PARTE

....

Tu mágica
abundancia

legaste! ¡Ya estás aquí! A lo largo de todo el libro has venido creando un campo de energía que poco a poco se ha ido estructurando con los componentes de tus cinco permisos, tu energía, tu año, tu número, tu espacio, tu actitud y alineación armónica, que, junto con tu cualidad espiritual, las creencias, tu no negociable, las señales, la impermanencia, el universo y la intención, crean tu campo de energía personal, al cual se le suma algo superior: la magia del universo.

Y una forma de entender todo este poder en nuestra tercera dimensión, donde tal vez se requiera una explicación, es a través de la teoría de la resonancia mórfica, de Rupert Sheldrake. Esta teoría plantea que todas las especies hacen parte de una unidad o un campo a través del cual se conectan; es un campo mórfico donde las energías se mueven, se interrelacionan, intercambian información, y todas aportan lo mejor de cada uno, sus habilidades y conocimientos, y esto conduce a una resonancia y a una expansión de energía.

Así es como funcionan nuestros cinco permisos: se entrelazan en un campo de forma, no como especies, sino como energías que, a su vez, están hechas de muchas otras energías que evolucionan y se refuerzan mutuamente, formando tu plataforma potenciada X. Allí, como resultado de energías de alta vibración y frecuencia, se aloja generosa *tu mágica abundancia.* ¿Recuerdas que al inicio del libro ya lo habíamos visto? Los cinco permisos y tu mágica abundancia son energías en armonía y expansión que se complementan, interactúan y crean en una perfecta sincronía; es el poder que te pertenece, tu chispa divina.

Empieza entonces a reconocer y hacer la recapitulación de tus cinco permisos que, junto con la magia del universo, te invitan a aceptar lo que hay para ti.

Tus cinco permisos son iguales a tu mágica abundancia.

❖ Plataforma potenciada X

La dactiloscopia, disciplina que hace parte de la biometría, identifica a una persona a través del análisis de sus huellas dactilares. La huella dactilar es un identificador único, no hay dos personas con las mismas huellas; ni siquiera los gemelos idénticos nacidos de un solo óvulo. Estas no cambian nunca, a menos que la capa basal —la más profunda de la epidermis— por la edad se vaya borrando, o se destruya o se modifique intencionadamente, por medio de cirugía plástica. Lo mismo pasa con nuestra plataforma potenciada X: será la misma siempre. Para que cambie tendrías que nacer de nuevo, en otra fecha, con otros padres, con otros apellidos, en otro lugar.

Las huellas dactilares tienen tres patrones principales, denominados arcos, curvas y espirales; la forma, el tamaño, el número y la disposición de pequeños detalles en estos patrones hacen que cada huella sea única. Nuestra plataforma potenciada X presenta una dinámica similar: tiene patrones representados por los cinco permisos; son como "líneas" que tienen un influjo de energía en sí mismas. Tanto en las huellas como en la plataforma potenciada X las líneas les transmiten una vibración a las personas, y ellas, a su vez, se conectan en un espacio donde se entrelazan y vibran; al hacerlo, se genera un campo de energía que nos contiene, nos identifica y nos hace originales.

Si tienes una huella **física-biológica, ¿por qué no tendrías** una energética?

Este campo de acción que representa la plataforma potenciada X, contenida por la Suerte del cielo y de la tierra y consolidada por la de la humanidad, es un campo vibracional personal que se activa con la energía que emana de los

cinco permisos. Es tu "huella dactilar energética".

Tu plataforma potenciada X te hace único. Te permite entrar a muchos lugares, y sus líneas no son más que los caminos que debes seguir para llegar a tu mágica abundancia. El poder de amplificar tu plataforma potenciada X está en ti, así que conseguirlo dependerá solo de ti y de cómo y desde dónde la potencies. Será en este punto donde tu quinto permiso, conducido por ti, actuará de manera decidida y determinada.

Tu plataforma potenciada X
es tu huella dactilar energética.

Plataforma potenciada X de un caso real

La energía de esta persona es *mono de agua* (permiso uno), lo que la hace estar siempre en movimiento. Se mueve también con frecuencia por los caminos de la procrastinación, hecho que hace que sus procesos sean muy desafiantes; nació en un año o *ming gua 1* (permiso dos), lo que definitivamente ha enfocado su vida porque, cuando lo supo, su esencia y su propósito se hicieron claros, se aceptó como era, y sus nuevos objetivos la hicieron salirse de la línea. A pesar de que con el tiempo ha tenido buenos resultados, los inicios fueron desalentadores y complejos. Su año 1 se complementa a su vez con el *ming gua 9*, que hace que tome su oficio —y en general todas las cosas— con pasión y en una dinámica de acción-reacción permanente. El *número* de su nombre es el 9, El filósofo (permiso tres), lo que hace que sea perceptiva, sensible e intuitiva, así que entiende las necesidades de los demás con facilidad, aunque también es dominante y dramática. Sin embargo, en un momento de su vida decidió que su nombre debería ser un buen vehículo para llevar con fluidez lo que la vida le fuera trayendo, y en un ajuste arriesgado de nombre, su número base 9 migró al 8, El exitoso. El cambio parecía de locos, pero el poder que le transmitía ese nuevo nombre sobrepasó sus propios juicios y los de los demás.

En cuanto a su espacio (permiso cuatro), su casa es su refugio, es el lugar que la contiene y la protege. Con ella tiene una relación de doble vía, porque la cuida como un tesoro, y ella, la casa, le responde siempre con generosidad. Le gusta tener plantas y cuidarlas, y cuando siente que la vida está quieta, cambia de sitio veintisiete cosas para mover la energía del espacio; esto, además de emocionarla por la incertidumbre y las sorpresas que traen los cambios, siempre le da buen resultado. En cuanto a su búsqueda personal, es intensa, emocional y dinámica; se podría decir que vive en una montaña rusa permanente. Su actitud y alineación armónica (permiso cinco) a veces no son fáciles de sostener, pero hace su trabajo, y frases como "si suelto, fluye", "prefiero hacer que no hacer" y "la magia está en mí" la hacen recordar que este permiso es fundamental para lograr llegar a su mágica abundancia. Esta soy yo, Liliana Beatriz Becerra Ríos, hoy Liliana Becerra Ro, nacida el 10 de agosto de 1968. Esta es mi plataforma potenciada X, que honro y valoro, y que ha traído grandes cosas a mi vida, sobre todo permitirme reconocer en cada momento mi mágica abundancia.

Resumen gráfico de los cinco permisos

Tu energía · Tu año · Tu número · Tu espacio · Tu actitud

Plataforma potenciada X

Tu energía
Tu año
Tu número

Tu espacio

La actitud o la
alineación armónica

✧ ¿Cómo acoplar tu plataforma potenciada X?

1. Revisa los cinco permisos y encuentra la información que te corresponde de acuerdo con tu fecha de nacimiento, tu nombre, lo que percibas de tu espacio y cómo es tu actitud en la vida.

2. Una vez tengas claros cada uno de tus permisos, ubícalos en los cuadros que están más adelante. Así irás consolidando tu información.

3. Debajo de cada uno de los permisos hay un espacio disponible para que escribas una palabra, ¡solo una!, que manifieste lo que sientes con cada una de esas características que te han correspondido. No te tomes más de cinco segundos para hacerlo, así evitarás bloquear tu conexión con la dimensión superior. En estos casos, "pensar bloquea". Por ejemplo:

	Pilar del año (herencia, genética del individuo)	Elemento maestro
Animal/Elemento	Buey	Fuego
Acción o palabra clave	Trabajar menos	Tranquilidad

4. Tu espacio y tu actitud requieren acciones concretas para abordarlos. Procura, en un primer momento, hacerlo con una sola palabra y después sí ir a la acción. Intenta que lo que vayas a hacer te motive y sea simple para que no te quedes atorado en una misión complicada de ejecutar.

5. Una vez hecho todo este ejercicio, revisa las palabras y acciones que has escrito y sentido. No lo dudes, ¡son salidas del corazón!, y te servirán como un diagnósti-

co personal y espiritual para despertar. Escribe, visualiza, interioriza y toma decisiones (permiso cinco).

6. Una forma interesante de asegurar en nuestra mente y corazón nuestra plataforma potenciada X, para que continúe vibrando en nosotros de forma consciente, es ayudarnos con los símbolos que acompañan cada uno de los cinco permisos, dibujarlos con tu propia inspiración en el esquema gráfico de la plataforma potenciada X que encontrarás más adelante (ver ejemplo al final del apartado anterior). Como ya hemos visto, cada uno de los permisos tiene símbolos que lo conforman, y estos te servirán para enriquecer tu plataforma potenciada X.

Tus cinco permisos,
al verlos, te darán proyección;
al escribirlos, te darán seguridad;
al activarlos, te traerán transformación.

TÚ Y LOS 5 PERMISOS

Tu faceta celestial

Tu energía o el horóscopo chino (8)

Pilar del año
(Herencia, genética
del individuo)

**Elemento
maestro**

Tu año o el ming gua – Tu esencia natural (8)

Tu número de año   Tu número
complementario

Tu número o la numerología de tus nombres (8)

Tu número base   Tu número de camino
(tu nombre inicial)   (Tu nombre ajustado)

Tu dimensión física

Tu espacio o la magia del feng shui (8)

Los sentidos, tu casa y tu vida

Tu sentido	Percepción	Cómo lo percibes en tu casa
Oído	Equilibrio	A través de este sentido entendí por qué soy intolerante con mi familia, porque me molesta la música que mis hijos escuchan en casa.
Gusto	Gozo	
Vista	Proyección	
Olfato	Adaptación	
Oído	Equilibrio	
Tacto	Empoderamiento	

Tus espacios y tu energía

Espacio de tu casa	Significado para ti	Energía yin o yang	Acciones reales para elevar la frecuencia de lo que representa este espacio
El comedor	Mi espacio favorito	Yang, a veces hay mucho movimiento allí, pero me gusta.	Comer más en familia en este espacio, porque representa la prosperidad y el dinero, y yo quiero recibir más.
El hall de entrada			
La sala			
El comedor			
La cocina			
Los baños			
Hall de alcobas			
El estudio/ oficina			
La alcoba			

Tu voluntad humana

Tu actitud o tu alineación armónica (8)

Tu mágica abundancia desde	¿Cómo la puedo lograr?	Acciones personales para elevar esta energía
Las señales	De ahora en adelante, cuando vea un número voy a estar pendiente de lo que estaba pensando en ese momento, y de acuerdo con este, analizaré el mensaje cifrado.	Voy a estar pendiente de las placas de los carros y de los turnos en el banco.
Tu cualidad espiritual		
Tus creencias impuestas		
Tu NO negociable		
Las señales		
Tu energía impermanente		
Tu intención		

Resumen gráfico de tus cinco permisos

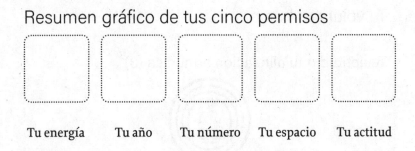

| Tu energía | Tu año | Tu número | Tu espacio | Tu actitud |

Dibuja tu plataforma potenciada X

Para construir tu plataforma potenciada X puedes utilizar todos los íconos que hemos visto a lo largo del libro.

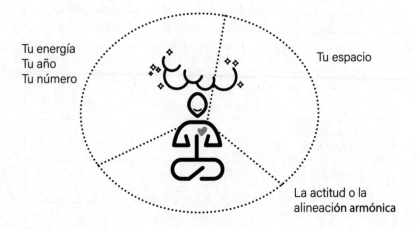

Lista de la información mágica cifrada encontrada a lo largo del libro

¿Cómo estuvo tu encuentro con la información cifrada que había en el libro para ti? ¿Observaste con el alma?

Lo que encontraste	Página
Descubrí en la anécdota del restaurante que el buey es metódico, y yo soy buey.	
Recordé que debo hacerme mi examen anual de mama.	

Si me encontrara con alguien en el camino y me preguntara de qué se trata mi libro, desde el corazón le diría: este libro habla sobre tu mágica abundancia y los permisos con los que cuentas para traerla a tu realidad. Esos permisos son puertas que están entreabiertas esperando por ti, lo único que tienes que hacer es acercarte y reconocer cada una de ellas y tomar la decisión de abrirlas por completo. Cuando lo hagas, una luz iridiscente tocará tus ojos y despertará tu corazón. Después encontrarás ese lugar que solo tú y tu alma conocen y que siempre has soñado. Está alojado en la profundidad de tu ser divino y es maravilloso; es un campo verde y florecido donde vas a sentir calma y libertad, y sentirás que quieres seguir ahí, en esa poderosa paz, y una vez decides hacerlo, mágicamente, en el centro de tu corazón, se abrirá una flor de loto, de donde saldrá toda la magia contenida en ti.

 Tenemos miedo de sentirnos **poderosos energéticamente,** pues creemos que nuestro poder **puede ser nuestro problema,** demasiada potencia que creemos **no controlar.**

EPÍLOGO
DE
CURIOSIDADES

1

Considerando que esta era mi primera experiencia de escribir un libro, cuando decidí sentarme a hacerlo empecé un recorrido de nunca acabar por toda mi casa, buscando el lugar perfecto para escribir. Quería encontrar las condiciones perfectas: luz natural, un buen escritorio y una vista inspiradora, considerando que cuando diseñé esta experiencia, teniendo en cuenta mi energía móvil mono, decidí que quería tener varios lugares de trabajo, entonces había de dónde escoger.

Primero pensé en el escritorio de mi alcoba; ese espacio sagrado, tranquilo, donde podía interiorizar mi energía e inspirarme. Lo intenté varias veces, y en efecto era un lugar tan tranquilo que todo el tiempo estaba "interiorizada", literalmente con el ojo cerrado y cero acción, iy allí no lo logré! En medio de la búsqueda decidí que cada vez que me fuera a sentar a escribir me vestiría de amarillo para vibrar en la onda de este color, que empodera y da sentido de tolerancia, paciencia y sabiduría; al final, resulté usando por semanas las mismas dos camisas amarillas, y cuando me veían me decían, "¡Ah, otra vez de amarillo! Estás escribiendo, ¿cierto?".

La búsqueda continuaba, y consideré el lugar del estudio/oficina de mi casa. Allí era casi lógico que funcionaría, pues energéticamente en este espacio está la profesión, pero tampoco lo logré. Tuve una mezcla entre escribir el libro y atender los asuntos de mi oficina de diseño y no conseguí separar las dos cosas; es increíble cómo tu mente se condiciona por la energía que el espacio transmite cuando ya hay una rutina establecida. Eso sí, ¡seguía de amarillo! Como no lograba encontrar el "lugar perfecto", decidí recurrir a las esencias florales para enfocarme y conducir mi energía. Mi propia marca tenía la esencia perfecta para poner en el espacio, To Focus, un apoyo más, así que empecé a usarlo y continué.

Estaba entrando en desesperación; intenté hacerlo en el comedor, pero ni vale la pena contar lo que pasó. Seguía de amarillo, poniéndole To focus ahora a toda la casa. Me quedaba un solo lugar por probar, la sala de televisión o *family room*, energéticamente el lugar del gozo y la familia... y allí, vestida de amarillo y con mi *spray* en mano, me senté hasta el final, ¡y lo logré! Escribir este libro fue un goce total. Me divertí, flui, me permití ir y venir sin engancharme; vinieron ideas y cambios, y este se convirtió en un lugar de reunión distinto. Mientras yo escribía mi familia me acompañaba, cada uno en lo suyo. Me sentía contenida e inspirada. Logré conectarme con la energía esencial de este espacio, que a su vez lo reconoció y me respondió, y pude poner al espacio de mi lado. Los espacios tienen vida propia.

 2

Muchas cosas las observo desde los números; pero no los financieros, sino los de la numerología, y podría decir que el permiso tres es uno de mis favoritos, por ser una herramienta mágica para muchas cosas. Tengo una especial atracción por el 1 —acciones que nos empoderan— y el 8 —lo infinito y fecundo—, ¡nada que hacer! Son números con una vibración especial. La conexión es muy grande, sobre todo con el 8; siempre me lo encuentro y me recuerda la frase "como vibras, atraes", que es totalmente cierta y poderosa. Por ejemplo, si voy a estacionar, el lugar libre tiene el número 8, o el turno en la caja es el 8. Uno de estos encuentros especiales lo viví hace poco, cuando me iba a hacer la mamografía de control que debemos hacernos las mujeres con juicio. La verdad es que estos exámenes me generan mucho estrés, tal vez porque se hacen en un lugar al que se va cuando no estamos bien, y así solo fuera un control normal, mi mente se imaginaba lo peor. Allí, en esos momentos, con mi frase de control en acción, empecé a buscar un casillero libre para mis cosas y me encontré el 8, y sentí que todo estaría bien y no había de qué preocuparse. Con los nombres de los capítulos de este libro pasó lo mismo. Quería entender el mensaje que el universo nos estaría enviando a través de ellos y la vibración de cada uno, y casi en un "ritual celta" tomé título por título y empecé a buscar sus números. El resultado no pudo haber sido más significativo y asombroso, lo verás en el contenido. La mayoría de las veces, el 1 y el 8 se me aparecen de manera espontánea. Cuando estamos conectados de alguna manera con la magia del universo y con creer y sentir nueva información, con facilidad se da una comunicación y conexión directas con él. Pero lo realmente revelador es que esta está al alcance de todos, es como un poder dormido que de repente se despierta. Ya como costumbre busco que todo salga en estos números, los nombres de los proyectos, de mis conferencias, de mis talleres... Entonces, como ejercicio final de mi ritual celta, revisé la esencia de cada permiso y esto resulto: tu energía (1), tu año (8), tu número (1), tu espacio (1), tu actitud (2)... ¿por qué? Porque hay nueve números en los cuales los nombres pueden vibrar; además, porque ellos siempre traen poderosos mensajes cifrados para nosotros, y tal vez el permiso cinco, tu actitud, nos muestra que lograr ser empático y afable es un desafío y una decisión personal que requiere bondad y comprensión, justo en lo que vibra el número 2. Los mensajes cifrados están manifestándose siempre.

 3

Cuando empecé a estudiar el calendario y el horóscopo chinos, los primeros análisis los hice con mi familia, que era todo un zoológico energético: un tigre, una serpiente, un perro, un gallo, un mono. Después me interesé por líderes mundiales, y en esa búsqueda me encontré esta historia entre Ronald Reagan y Mijaíl Gorbachov, que, para reunirse en

Ginebra, en noviembre de 1985, y discutir los inicios del fin de la Guerra Fría, Nancy Reagan consultó a un asesor de feng shui, quien le explicó la compatibilidad energética entre Reagan (Cerdo) y Gorbachov (Oveja) y le dijo cómo se debía llevar la reunión. Este encuentro marcó el primer paso para un cambio en las relaciones internacionales, y si lo vemos desde la *energía* de cada uno de ellos, era de esperarse que llegaran a un acuerdo por su compatibilidad, debido a que tanto la oveja como el cerdo hacen parte del mismo triángulo, el de la familia y el hogar, así que esto los unía.

Saber cuál es la energía de cada persona, o su animal dentro del horóscopo chino, es una información valiosa que nos puede ayudar a conocer y tener una mejor relación con todos los que estemos en contacto. Este primer permiso es poderoso para las relaciones humanas; por esto, cuando conozco a alguien, de entrada, le pregunto su fecha de nacimiento para saber su energía. Eso sí, no me permito juicios; la idea es tener un buen acercamiento desde el conocimiento, que la mayoría de las veces funciona muy bien. Cuando llego a los proyectos que manejamos en mi oficina de diseño y veo a alguien nuevo, pregunto por él, quién es, a qué equipo de trabajo pertenece, y le doy la bienvenida. Los demás siempre están atentos a esta dinámica y le dicen al nuevo, "¡Saque la célula que ya le van a preguntar cuando nació y le van a decir qué animal es!". Con frecuencia, con cara de sorpresa, el nuevo dice, "¿Animal?". Siempre pienso que deben estar diciendo, "¡Cielos, a dónde llegué!".

Y es que este tema es tan humano que a su alrededor se generan muchas anécdotas, y esta que te voy a contar me encanta. Un día, en una asesoría personal, de esas que se vuelven plan de amigas, estaba analizando al esposo de la mayormente interesada y le pedí su fecha de nacimiento, para saber el animal que le correspondía, su energía y su compatibilidad con ella. Una de sus amigas me preguntó qué animal era y yo le respondí: "un Perro"; otra de ellas, distraída, no estaba prestando mucha atención a la conversación, pero al oír *perro* gritó de forma hilarante, "¡¡Sí!! Él es superperro y tú lo sabes, amiga". Después solo hubo silencio... y lo más irónico de todo es que el perro, dentro del horóscopo chino, es el más honesto y leal de todos. Los paradigmas condicionan.

La capacidad de observar
sin juzgar es la más alta forma
de inteligencia.
Krishnamurti

 4

Escribiendo sobre el permiso tres, tu número, descubrí algo que me impactó y me conmovió mucho. Traje a mi memoria un concepto médico denominado *microquimerismo*, que sucede cuando se presentan algunas células genéticamente diferentes en un organismo que tiene otras; en términos simples, es tener células de alguien más, mezcladas con las nuestras. El microquimerismo fetal es la presencia de células fetales en tejidos maternos, y viceversa, en donde se produce un intercambio bidireccional de las células madre-hijo; es un proceso fisiológico totalmente normal, por lo que puede haber células fetales en la madre por mucho tiempo, e incluso quedarse de forma indefinida. A pesar de que este concepto sigue siendo investigado, para expertos en el estudio de la relación madre-hijo, este hecho podría ser la razón del vínculo intenso y el apego entre ellos, y la explicación científica de algo que siempre ha tenido una más emocional y sentimental.

Entonces, al abordar el permiso tres, revisar el nombre de mi mamá y después el mío, descubrí algo que nunca había visto, a pesar de llevar años trabajando en esto, que reafirmó mi conexión intensa con ella. Por asuntos del destino, el universo y su magia, ella y yo habíamos tenido un intercambio de números a través de nuestros nombres. Ella, en la dinámica del tercer permiso, nació con su número base 8, El exitoso, y al cambiar su nombre por el de casada se movió al 9, El filósofo. En la misma dinámica, mi número base es el 9, y al ajustar mi nombre me moví al 8. Ahí fue cuando vi con los ojos del alma esa reciprocidad poderosa que hay entre nosotras dos, que se mueve por aguas mansas y turbias y me ha hecho entender muchas cosas de ella y de mí, ¡como un microquimerismo energético! En diferentes teorías, una de las funciones de las madres es darnos la confianza en nosotros mismos, en lo que somos y en lo que lograremos alcanzar. Las coincidencias son señales, y una de las formas en que el universo nos habla.

5

Nota especial

Había dado por terminada esta parte, pero cuando vi que el último punto era el cuarto, decidí tener un quinto. El número 4 es sólido y da seguridad, pero en su polaridad es lento y le cuesta ir a la acción. Entonces, el no querer dejar el cierre de este capítulo vibrando en la energía del 4 me motivó a escribir algo más, y qué mejor que hablar de cómo a diario me conecto a la magia del universo que siempre estoy dispuesta a sentir. Lo que sucede es que esa idea de la magia comercial y rosa que vemos todo el tiempo ha puesto a la real en un segundo plano. La magia es un campo de energía que nos rodea y que está a nuestro alcance. Es un campo infinito de posibilidades, donde nuestros cinco permisos, la forma de conectarnos con ellos, nuestros pensamientos y nuestros más profundos deseos se alinean y entran en resonancia.

Hay muchas maneras de conectarnos con este campo energético donde la magia reposa generosa, esperando para entregar todo su poder. Un ejemplo desde el permiso cuatro es cuando utilizamos objetos y los ubicamos en nuestros espacios utilizando la intención; ese objeto, con su energía, entra en resonancia con la energía del espacio donde lo ubicas, y genera un campo de forma con poder (ver el concepto al inicio del capítulo). Por ejemplo, en el sur de mi casa tengo un ave fénix para mantener activas las posibilidades profesionales, y en la entrada, un elefante, para fortalecer la energía yang de la familia. A nivel personal, tengo en el bolsillo izquierdo una hematites, para estar en polo tierra, y una turmalina negra de protección; también llevo conmigo un jade en forma de disco, símbolo de buena suerte y joya preciosa para los orientales, para que mi energía personal entre en resonancia con la energía de estos cristales. Y así hay muchas e infinitas formas de conectarnos con nuestra mágica abundancia. ¡Creo que soy un campo mórfico andante y me encanta!

Sabiendo lo que sabes ahora,
¿qué medida vas a tomar?
¡Creer es ver, pero también
dejar actuar al universo!

BIBLIOGRAFÍA

Generales

Armstrong, Karen, *Buda. Una biografía*, Barcelona: Debate, 2017.

Asensi, Matilde, *Todo bajo el cielo*, Barcelona: Editorial Planeta, 2006.

Berg Michel, *Los secretos del Zohar. Historias y meditaciones para despertar el corazón*, Bogotá: Kabbalah Publishing, 2007.

Dürckheim, Karlfried Graf, *Meditar por qué y cómo*, Bilbao: Ediciones Mensajero, 1981.

Dyer, Wayne, *El poder de la intención*, Barcelona: Debolsillo, 2005, p. 17.

Hall, Judy, *La biblia de los cristales*, Madrid: Ediciones Gaia, 2003.

Harari, Yuval Noah, *Homo Deus. Breve historia del mañana*, Barcelona: Debate, 2016, p. 80.

Hawkins, David R., *El poder frente a la fuerza*, Barcelona: Ediciones El grano de mostaza, 2014, p. 287.

Kreimer, Juan Carlos & Arvallo, Martín, *Krishnamurti para principiantes*, Buenos Aires: Era Naciente, 2006.

Lao Tse, *El Tao Te Ching. Sobre el arte de la armonía*, Barcelona: Editorial Blume, 2010.

Linder Hintze, Rebecca, *Cómo sanar tu historia familiar*, Madrid: Gaia, 2008.

Lipton, Bruce H., *La biología de la creencia*, Madrid: Palmyra, 2007.

Melchizedek, Drunvalo, *Vivir en el corazón*, Madrid: Arkano Books, 2014.

Ortega, Virgilio, *Palabralogía*, Barcelona: Ares y Mares, 2014.

Pagola, José Antonio, *Jesús. Aproximación histórica*, Bogotá: PPC, 2013, pp. 256-257.

Rovelli, Carlo, *Siete breves lecciones de física*, Barcelona: Anagrama, 2016.

Sogyal Rimpoché, *El libro tibetano de la vida y de la muerte*, Barcelona: Urano, 1994, p. 47.

Viktor, Frankl, *El hombre en busca de sentido*, Barcelona: Herder, 2004.

Watts, Alan, *El camino del Tao*, Barcelona: Editorial Kairós, 1976.

Wilhelm, Richard, *I Ching - El libro de las mutaciones*, Bogotá: Editorial Solar, 2010.

Horóscopo chino

Walters, Derek, *La biblia de la astrología china*, Madrid: Ediciones Gaia, 2009.

Squirru, Ludovica, *Horóscopo chino 2008*, Buenos Aires: Atlántida, 2007.

Numerología

Elinwood, Ellae, *El gran libro de la numerología*, Bogotá: Panamericana Editorial, 2011.

Singh Khalsa, Guruchander, *Numerología tántrica*, México: Editora Yug, 1996.

Lobos, Gladys, *Numerología mágica*, Madrid: Arkano Books, 2000.

Feng shui - Metodología de la forma y brújula

Armilla, José, *Cómo negociar con feng shui*, Madrid-México-Buenos Aires: Editorial Edaf, 2001.

Brown, Simon, *La biblia del feng shui*, Barcelona: Vergara, 2005.

Collins Teran, Kathryn, *Feng shui, habitación por habitación*, Barcelona: Ediciones Urano, 1999.

Eitel, Ernest J., *Feng shui, la ciencia del paisaje sagrado en la antigua China*, Barcelona: Ediciones Obelisco, 1993.

Kwan, Lau, *Feng shui*, Buenos Aires: Editorial Edaf, 2002.

La Maya, Jacques, *Tu casa es tu salud*: Sirio S. A., 1989.

Too, Lillian, *Feng shui inteligente para el hogar*, Madrid-México-Buenos Aires: Editorial Edaf, 2001.

Waring, Philippa, *Feng shui para principiantes*, Barcelona: Ediciones Obelisco, 1997.

Webster, Richard, *Feng shui para el éxito y la felicidad*, St. Paul-Minnesota: Llewellyn, 2003.

Yun, Lin & Rossbach, Sarah, *Feng shui y el arte del color*, Buenos Aires: Emecé Editores, 1999.

Símbolos de suerte en el feng shui

Too, Lillian, *Feng shui práctico. Los símbolos de la buena suerte*, Barcelona: Editorial Oniro, 2001.

Radiestesia

Gerula, Ricardo Luis, *Radiestesia integral*, Buenos Aires: Editorial Kier, 2001.

«Para viajar lejos no hay mejor nave que un libro.»

Emily Dickinson

Gracias por tu lectura de este libro.

En **Penguinlibros.club** encontrarás las mejores
recomendaciones de lectura.

Únete a nuestra comunidad y viaja con nosotros.

Penguinlibros.club